경제기사를 읽는데 용어를 모른다고

경알못들이 가장 궁금해하는 경제용어 500

경제기사를 읽는데
용어를 모른다고

백광석 지음

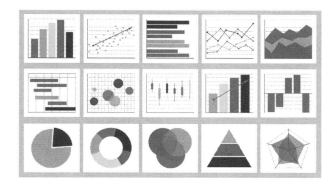

다온길

프롤로그

일상생활을 살아가는데 경제공부가 큰 도움이 되지 않을 수도 있습니다. 하지만 보다 나은 미래를 위해서라면 경제는 꼭 알아야 합니다. 뉴스나 신문에 나오는 경제기사를 보면 금리, 환율, 모기지 등 많은 경제용어들이 나옵니다.

경제용어, 매일 우리 주변에서 어떻게 사용되는지 생각해 보신 적이 있나요? 아마 대부분의 사람들이 경제기사를 읽을때 경제용어를 보면 "어렵다" 또는 "내가 경제학자도 아닌데" 하면서 쉽게 넘기는 경우가 많습니다. 그런데 우리가 여기서 놓치는 것이 있습니다. 경제용어는 우리의 일상생활에 더 밀접하게 연결되어 있으며, 우리의 돈, 일자리, 소비, 저축, 투자, 그리고 더 나아가 우리의 미래에 큰 영향을 미칩니다.

이 책은 경제를 모르는 일반인들이 경제와 경제용어를 이해하는 데 도움을 주고자 만들어졌습니다. 우리의 일상생활에 꼭 필요한 기초용어들은 알고 있어야 합니다.

경제를 공부하고자 하시는 분들은 먼저 경제개념을 익히고 경제용어와 친해져야 합니다. 경제 현상을 이해하고 해석하기 위해서는 용어를 공부하여 그것들이 어떻게 적용되는지 예시와 함께 공부하는 것이 중요합니다.

경제기사는 특정한 이슈나 상황에 대한 분석과 해석을 제공합니다. 이러한 분석과 해석은 경제용어를 사용하여 전달되므로, 해당 용어를 알고 있어야만 기사의 내용을 정확하게 이해할 수 있습니다.

이 책은 경제에 대한 기본적인 이해를 원하는 모든 사람(학생, 일반인)을 위한 것입니다. 경제용어와 개념을 명확하게 설명하여 경제에 대한 장벽을 낮춥니다.

경제와 관련된 주요 개념과 용어를 손쉽게 이해하고, 그것을 우리의 일상생활에 적용하는 방법을 배우게 될 것입니다. 경제용어를 알면 우리의 경제적 미래를 더 나은 방향으로 조절할 수 있습니다.

백광석

2장 경제용어 ㅁ ~ ㅎ

경제용어 ㄱ ~ ㄹ

ㄱ

경기
business conditions

경기란 어떤 국가나 지역의 경제 활동이 어떠한 추세를 보이는지를 나타내는 매우 중요한 개념입니다. 일상생활에서 경제적인 상황을 뜻하는 말로 자주 사용됩니다.

이를 쉽게 이해하기 위해 몇 가지 사례를 통해 설명해보겠습니다.

경기상승

경기 상승Economic Expansion은 경제 활동이 활발해지는 시기를 말합니다. 이때는 생산량이 증가하고, 기업의 투자가 늘어나며, 가계의 소비가 증가합니다. 물가, 금리, 주가, 부동산이 상승합니다.

경기가 좋을 때, 일반적으로는 여러 가지 긍정적인 변화가 일어납니다. 예를 들어, 고용률이 상승하게 되어 많은 사람들이 일자리를 얻게 될 것입니다. 회사들은 수익성이 높아지고 투자를 증가시킬 가능성이 있습니다.

다른 예로는 부동산 시장이 있습니다. 경기가 좋을 때는 많은 사람들이 집을 사거나 재테크를 위해 투자하는 경향이 높아집니다. 이로 인해 부동산 시장이 활성화되고 주택가격이 상승할 수 있습니다.

경기하락

경기 하락economic contraction은 경제 활동이 위축되는 시기를 말합니다. 이때는 생산량이 감소하고, 기업의 투자가 줄어들며, 가계의 소비가 감소합니다. 또한 실업률이 상승하고, 물가가 하락합니다.

경기가 나쁠 때는 다양한 어려움이 생길 수 있습니다. 실업률이 상승하게 되면 수많은 사람들이 일자리를 잃을 수 있으며, 기업들은 수익이 감소하고 투자를 줄일 가능성이 있습니다.

경기가 나쁠 때는 소비자들이 소비를 줄일 수 있습니다. 예를 들어, 대형 소매업체의 매출이 감소하면서 생활 소비재의 수요가 줄어들게 됩니다.

금리와 경기

중앙은행이 경기를 안정시키기 위해 통제하는 도구 중 하나가 금리입니다. 경기가 좋을 때는 중앙은행이 금리를 조금 올려 경제를 둔화시키는 경우가 있습니다. 그 이유는 지나치게 빠르게 성장하는 경제를 안정화하기 위해서입니다. 반면에 경기가 나쁠 때는 금리를 낮춰 소비와 투자를 촉진하여 경기를 활성화시키려는 노력이 있습니다.

경기는 일반적으로 두가지 요소로 분류됩니다. 금융시장과 실물경제입니다.

금융시장

금융시장은 주식 시장, 채권 시장, 외환 시장 등을 포함합니다. 예를 들어, 만약 주식 시장에서 주가가 상승하고 투자자들이 많은 수익을 올리면, 이는 경기가 호조로 판단될 수 있습니다. 반대로, 주가 하락이나 금융 위기 등의 악재가 발생하면 경기 침체로 여겨집니다.

실물경제

실물경제는 생산 활동과 소비 활동을 의미합니다. 예를 들어, 제조업에서 생산량이 늘어나고 수출이 증가한다면 경기 호전으로 평가할 수 있습니다. 또한 소비자들이 상품과 서비스에 대한 소비를 증가시키면 소비자 신뢰도 높아진다고 볼 수 있으며, 이 역시 경기 호전의 지표입니다.

경기변동

경기 변동Business Cycle은 경제 활동이 활발해졌다가 위축되었다가 다시 활발해지는 것을 반복하는 현상을 말합니다. 다양한 요인에 의해 발생할 수 있으며, 경제 활동에 큰 영향을 미칩니다.

1. 정책 변화 : 정부나 중앙은행의 정책 변화(예 : 금리 조절)는 통화량 조절 및 기업 투자와 가계소비에 영향을 줄 수 있습니다.

2. 국제 사건 : 국제 사건(예 : 전쟁, 자연 재해)은 국내외 경제에 직간접적인 영향을 줄 수 있으며, 이로 인해 경기 변동성이 발생할 수 있습니다.

3. 소비자 신뢰도 : 소비자들의 신용카드 사용량 증감 등 소비 패턴 변화는 곧바로 실물경제와 연결되므로 중요한 지표입니다.

4. 기업 투자 : 기업의 투자 규모와 투자 성향은 경기에 큰 영향을 미칩니다. 기업이 투자를 늘리면 생산량이 늘어나고 실물경제가 활성화됩니다. 반대로, 기업이 투자를 줄이면 생산량이 줄어들고 실물경제가 위축됩니다.

5. 가계 소비 : 가계의 소비 규모와 소비 성향은 경기에 큰 영향을 미칩니다. 가계가 소비를 늘리면 생산량이 늘어나고 실물경제가 활성화됩니다. 반대로, 가계가 소비를 줄이면 생산량이 줄어들고 실물경제가 위축됩니다.

6. 무역수지 : 무역수지는 한 나라의 수출액과 수입액의 차이를 말합니다. 무역수지가 흑자라면, 이는 국내 경제에 유입되는 외화가 늘어나고 경기가 활성화됩니다. 반대로, 무역수지가 적자라면, 이는 국내 경제에서 유출되는 외화가 늘어나고 경기가 위축됩니다.

7. 환율 : 환율은 한 나라의 통화가 다른 나라의 통화에 비해 얼마나 가치가 있는지를 나타내는 지표입니다. 환율이 상승하면 수입품 가격이 상승하고 수출품 가격이 하락하여 경기가 위축됩니다. 반대로, 환율이 하락하면 수입품 가격이 하락하고 수출품 가격이 상승하여 경기가 활성화됩니다.

8. 기타 요인 : 경기에는 다양한 요인이 영향을 미치며, 이는 나라마다

경제기사를 읽는데 용어를 모른다고

다를 수 있습니다. 예를 들어, 중국의 경기는 미국의 경기와 밀접한 관련이 있습니다. 중국의 경제가 위축되면 미국의 경제도 타격을 받습니다. 반대로, 중국의 경제가 활성화되면 미국의 경제도 활성화됩니다.

경기 순환

경기 순환Business Cycle은 경제가 꾸준하게 성장하거나 축소하는 패턴을 나타내는 개념입니다.

경기 순환은 다양한 요인에 의해 영향을 받습니다. 예를 들어, 정부의 정책 변화, 국제 사건, 자연 재해 등은 경기 순환에 영향을 미칠 수 있습니다.

1. 경기 번영기

경기 순환의 첫 단계는 번영기로, 경제가 성장하고 일자리가 늘어나는 시기입니다. 투자와 기업 활동이 활발하게 일어나는 시기로, 경제적 번영과 안정을 특징으로 합니다. 이때는 신규 고용이 늘어나고 소비자들은 더 많은 소비를 할 수 있게 됩니다.

2. 경기 정점

번영기의 정점에서는 경제가 극대화되며, 성장률이 최고점에 이릅니다. 대기업들은 수익성이 높아지고 소비자들은 신제품을 구매하며 소비를 증가시키는 경향이 있습니다. 그러나, 이러한 상황이 지속될 수 없기 때문에 고점 이후에는 경기가 축소로 전환됩니다.

3. 경기 후퇴기

경기가 후퇴기로 전환되면 기업들의 생산과 투자가 감소하게 되고, 실업률이 상승합니다. 국내에서는 주로 수출이나 글로벌 경제 상황에 따라 경기가 후퇴하는 경향이 있습니다. 예를 들어, 세계적인 금융위기나 현재와 같은 글로벌 대유행이 경기 후퇴를 야기할 수 있습니다.

4. 경기 침체기

경기가 침체기에 도달하면, 일자리 감소와 소비 감소 등이 심화됩니다. 이때는 정부나 중앙은행이 경기 부양책을 도입하는 등의 노력이 필요할 수 있습니다. 최근의 예시로는 2008년 금융위기에 따른 경기 침체가 있습니다.

우리나라의 경기 순환은 크게 세 가지 시기로 나눌 수 있습니다.

· 1960년대부터 1980년대까지 : 이 시기는 국내 경제가 급속히 성장한 시기입니다. 이때 한국은 수출 주도형 경제로 성장했고, 경제 성장률은 연평균 9%에 달했습니다.
· 1990년대 : 이 시기는 국내 경제가 외환 위기를 겪은 시기입니다. 이때 우리나라는 IMF 구제금융을 받아야 했고, 경제 성장률은 연평균 3%대로 떨어졌습니다.
· 2000년대 이후 : 이 시기는 국내 경제가 안정적으로 성장한 시기입니다. 이때 우리나라는 수출과 내수 모두에서 성장을 이뤘고, 경제

경제기사를 읽는데 용어를 모른다고

성장률은 연평균 5%대로 유지되었습니다.

호황기→후퇴기→불황기→회복기→호황기

우리나라의 경기 순환은 앞으로도 계속될 것입니다. 국내 경제는 세계 경제와 밀접하게 연결되어 있기 때문에, 세계 경제의 변화가 국내 경제에 영향을 미칠 것입니다. 또한 국내 경제는 내수 시장이 작기 때문에, 수출을 통해 경제 성장을 달성해야 합니다. 따라서 국내 경제는 세계 경제의 변화와 수출의 흐름에 따라 경기 순환이 계속될 것입니다.

가격
Price

가격은 상품이나 서비스의 가치를 나타내는 수치입니다. 가격은 경제에서 매우 중요한 역할을 하는데, 상품과 서비스의 수요와 공급을 결정하고, 경제 주체의 의사결정에 영향을 미치기 때문입니다.

가격은 크게 수요와 공급에 의해 결정됩니다. 수요는 상품이나 서비스의 가격이 낮을수록 증가하고, 가격이 높을수록 감소합니다. 공급은 상품이나 서비스의 가격이 낮을수록 감소하고, 가격이 높을수록 증가합니다.

수요와 공급이 만나는 지점에서 가격이 결정됩니다. 이 지점을 균형 가격이라고 합니다. 균형 가격에서 수요와 공급이 일치하기 때문에, 이 가격에서 상품이나 서비스의 매매가 이루어집니다.

가격은 경제 주체의 의사결정에 영향을 미칩니다. 소비자는 가격이 낮은 상품이나 서비스를 구매하는 경향이 있고, 기업은 가격이 높은 상품이나 서비스를 판매하는 경향이 있습니다. 또한, 정부는 가격을 조절함으로써 경제 활동을 조절할 수 있습니다.

우리나라의 경우, 정부는 물가 안정을 위해 물가안정목표제(1998년 도입)를 시행하고 있습니다. 물가안정목표제는 정부가 물가 상승률을 일정 수준으로 유지하기 위해 노력하는 정책입니다. 정부는 물가안정목표제를 통해 물가 상승률을 안정시키고, 경제 성장과 국민의 복지를 증진하고자 합니다.

가격은 경제에서 매우 중요한 역할을 합니다. 가격은 상품과 서비스의 수요와 공급을 결정하고, 경제 주체의 의사결정에 영향을 미치기 때문입니다. 또한, 정부는 가격을 조절함으로써 경제 활동을 조절할 수 있습니다.

예를 들어, 쌀의 가격이 상승하면 쌀의 수요는 감소하고, 공급은 증가합니다. 쌀의 수요가 감소하면 쌀을 생산하는 농가의 수익이 감소합니다. 또한, 쌀의 공급이 증가하면 쌀의 가격이 하락하여 소비자의 부담이 줄어듭니다.

가격 탄력성

가격 탄력성Price Elasticity은 상품이나 서비스의 가격이 변할 때 수요가 얼마나 변하는지를 나타내는 지표입니다. 가격 탄력성은 수요의 가격 탄력성과 공급의 가격 탄력성으로 나뉩니다.

수요의 가격 탄력성은 수요가 가격에 얼마나 민감하게 반응하는지를 나타내는 지표입니다. 수요의 가격 탄력성이 클수록 수요는 가격 변화에 더 민감하게 반응합니다. 반면, 수요의 가격 탄력성이 작을수록 수요는 가격 변화에 덜 민감하게 반응합니다.

공급의 가격 탄력성은 공급이 가격에 얼마나 민감하게 반응하는지를 나타내는 지표입니다. 공급의 가격 탄력성이 클수록 공급은 가격 변화에 더 민감하게 반응합니다. 반면, 공급의 가격 탄력성이 작을수록 공급은 가격 변화에 덜 민감하게 반응합니다.

가격 탄력성은 경제에서 매우 중요한 역할을 합니다. 가격 탄력성을 이해하면 기업은 가격을 설정하고 상품이나 서비스의 판매량을 예측할 수 있습니다. 또한, 정부는 가격 탄력성을 사용하여 경제 정책을 수립할 수 있습니다.

우리나라의 경우, 가격 탄력성은 다양한 상품이나 서비스에 대해 연구되었습니다. 예를 들어, 한 연구에서는 쌀의 가격 탄력성을 조사했습니다. 연구 결과에 따르면 쌀의 가격이 1% 상승하면 쌀의 수요는 0.2% 감소합니다. 이는 쌀의 가격 탄력성이 낮은 편에 속합니다.

또 다른 연구에서는 휘발유의 가격 탄력성을 조사했습니다. 연구 결과에 따르면 휘발유의 가격이 1% 상승하면 휘발유의 수요는 0.8% 감소합니다. 이는 휘발유의 가격 탄력성이 높은 편에 속합니다.

가격 탄력성은 상품이나 서비스의 특성에 따라 달라집니다. 일반적으로 다음과 같은 특성을 가진 상품이나 서비스는 가격 탄력성이 낮습니다.

- 대체재가 많지 않은 상품이나 서비스
- 긴 구매 주기가 있는 상품이나 서비스
- 비싼 상품이나 서비스

반면에 다음과 같은 특성을 가진 상품이나 서비스는 가격 탄력성이 높습니다.

- 대체재가 많은 상품이나 서비스
- 짧은 구매 주기가 있는 상품이나 서비스
- 싼 상품이나 서비스

가격 탄력성은 경제에서 매우 중요한 역할을 합니다. 가격 탄력성을 이해하면 기업은 가격을 설정하고 상품이나 서비스의 판매량을 예측할 수 있습니다. 또한, 정부는 가격 탄력성을 사용하여 경제 정책을 수립할 수 있습니다.

가격결정기간

가격결정기간Price Determination Period은 상품이나 서비스의 가격이 결정되는 기간을 말합니다. 가격결정기간은 상품이나 서비스의 특성에 따라 달라질 수 있습니다.

예를 들어, 쌀의 가격결정기간은 비교적 짧습니다. 쌀은 농산물이기 때문에 생산과 유통에 시간이 걸리지 않습니다. 또한, 쌀은 대체재가 많기 때문에 소비자는 가격이 상승하면 다른 상품으로 대체할 수 있습니다. 따라서 쌀의 가격결정기간은 짧게 유지됩니다.

반면, 자동차의 가격결정기간은 비교적 깁니다. 자동차는 제조에 시간이 오래 걸리고, 대체재가 적기 때문에 소비자는 가격이 상승해도 쉽게 다른 상품으로 대체할 수 없습니다. 따라서 자동차의 가격결정기간은 길게 유지됩니다.

　기업의 가격 결정 전략에 영향을 미칩니다. 가격결정기간이 짧은 상품이나 서비스의 경우, 기업은 가격을 자주 변경해야 합니다. 반면, 가격결정기간이 긴 상품이나 서비스의 경우, 기업은 가격을 자주 변경할 필요가 없습니다.

　우리나라의 경우, 가격결정기간은 상품이나 서비스의 특성에 따라 다양합니다. 예를 들어, 쌀의 가격결정기간은 비교적 짧고, 자동차의 가격결정기간은 비교적 깁니다.

　기업의 수익에 영향을 미칠 수 있습니다. 가격결정기간이 짧은 상품이나 서비스의 경우, 기업은 가격을 자주 변경해야 하기 때문에 가격변동에 대한 비용이 발생할 수 있습니다. 반면, 가격결정기간이 긴 상품이나 서비스의 경우, 기업은 가격을 자주 변경할 필요가 없기 때문에 가격변동에 대한 비용이 적게 발생할 수 있습니다.

　소비자의 선택에 영향을 미칠 수 있습니다. 가격결정기간이 짧은 상품이나 서비스의 경우, 소비자는 가격이 자주 변경되기 때문에 가격이 변동하는 것을 감안하여 상품을 구매할 수 있습니다. 반면, 가격결정기간이 긴 상품이나 서비스의 경우, 소비자는 가격이 변동하는 것을 고려하지 않고 상품을 구매할 수 있습니다.

　경제에 영향을 미칠 수 있습니다. 가격결정기간이 짧은 상품이나 서비스의 경우, 가격이 자주 변경되기 때문에 경제가 불안정해질 수 있습니다. 반면, 가격결정기간이 긴 상품이나 서비스의 경우, 가격이 자주 변경되지 않기 때문에 경제가 안정될 수 있습니다.

경제기사를 읽는데 용어를 모른다고

가격조정

가격조정_{Price Adjustment}은 상품이나 서비스의 가격을 변경하는 것을 말합
니다. 가격조정에는 여러 가지 방법이 있는데, 가장 일반적인 방법은 가격
인상과 가격 인하입니다.

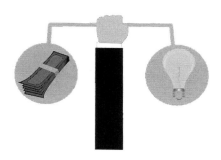

가격 인상은 상품이나 서비스의 가격을 올리는 것을 말합니다. 가격 인
상에는 여러 가지 이유가 있을 수 있는데, 대표적으로 원자재 가격 상승,
인건비 상승, 경쟁사 가격 인상 등이 있습니다.

가격 인하는 상품이나 서비스의 가격을 내리는 것을 말합니다. 가격 인
하에는 여러 가지 이유가 있을 수 있는데, 대표적으로 판매 부진, 신제품
출시, 경쟁사 가격 인하 등이 있습니다.

기업의 수익에 영향을 미칩니다. 가격을 인상하면 수익이 증가하지만,
가격을 인하하면 수익이 감소합니다. 따라서 기업은 가격을 조정할 때 신
중해야 합니다.

우리나라의 경우, 가격조정은 다양한 상품이나 서비스에서 이루어지고
있습니다. 예를 들어, 쌀의 가격은 2022년 6월 기준으로 2021년 6월 대비
11% 상승했습니다. 이는 쌀의 원자재 가격이 상승했기 때문입니다. 또한,

자동차의 가격은 2022년 6월 기준으로 2021년 6월 대비 10% 상승했습니다. 이는 자동차의 원자재 가격과 인건비가 상승했기 때문입니다.

소비자의 구매 결정에도 영향을 미칩니다. 가격이 인상되면 소비자는 구매를 주저할 수 있고, 가격이 인하되면 소비자는 구매를 고려할 수 있습니다. 따라서 기업은 가격조정을 할 때 소비자의 반응을 고려해야 합니다.

경제에도 영향을 미칩니다. 가격이 인상되면 물가가 상승하고, 가격이 인하되면 물가가 하락합니다. 따라서 기업은 가격조정을 할 때 경제에 미치는 영향을 고려해야 합니다.

기업의 수익, 소비자의 구매 결정, 경제에 영향을 미치는 중요한 요소입니다. 따라서 기업은 가격조정을 할 때 신중해야 합니다.

경제기사를 읽는데 용어를 모른다고

가계
Households

가계는 사회에서 경제적 활동을 하는 개인과 가족을 말합니다. 가계는 소득과 소비를 통해 경제에 영향을 미칩니다.

우리나라의 가계는 크게 두 가지로 나눌 수 있습니다. 첫 번째는 근로자 가계입니다. 근로자 가계는 월급을 받는 근로자를 포함한 가계입니다. 두 번째는 자영업자 가계입니다. 자영업자 가계는 사업을 하는 자영업자를 포함한 가계입니다.

우리나라의 가계는 소득과 소비에서 큰 차이를 보입니다. 근로자 가계의 소득은 평균적으로 월 400만 원 정도이고, 자영업자 가계의 소득은 평균적으로 월 200만 원 정도입니다. 또한, 근로자 가계의 소비는 평균적으로 월 300만 원 정도이고, 자영업자 가계의 소비는 평균적으로 월 200만 원 정도입니다.

우리나라의 가계는 경제위기에 취약합니다. 경제위기가 발생하면 근로자 가계의 소득이 줄어들고, 자영업자 가계의 사업이 어려워지기 때문입니다. 따라서 정부는 가계의 경제적 어려움을 완화하기 위해 다양한 정책을 시행하고 있습니다.

예를 들어, 정부는 근로자 가계의 소득을 지원하기 위해 근로장려세제를 시행하고 있습니다. 근로장려세제는 근로자의 소득에 따라 세금을 환급해주는 제도입니다. 또한, 정부는 자영업자 가계의 사업을 지원하기 위해 창업지원금을 지급하고 있습니다. 창업지원금은 자영업자가 사업을 시작할 때 필요한 자금을 지원해주는 제도입니다.

가구중위소득

[단위 : 만 원]

	2016	2017	2018	2019	2020	2021
가구중위소득(명목)	2,549	2,649	2,756	2,875	2,998	3,174
가구중위소득(실질)	2,661	2,713	2,781	2,890	2,998	3,097

<출처 : 통계청>

가구중위소득(명목)

[단위 : 만 원]

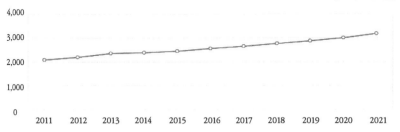

<출처 : 통계청>

경제기사를 읽는데 용어를 모른다고

우리나라의 가계는 경제위기에 취약하지만, 정부의 지원을 통해 경제위기를 극복하고 있습니다. 정부는 앞으로도 가계의 경제적 어려움을 완화하기 위해 다양한 정책을 시행할 예정입니다.

가계수지

가계수지household's total income and expenditure란 가계가 벌어들인 수입과 쓴 지출을 의미합니다. 가계수지는 가계의 경제적인 건강 상태를 나타내는 중요한 지표 중 하나입니다.

우리나라의 가계수지는 2022년 기준으로 월평균 400만 원 정도입니다. 이는 2021년 대비 10만 원 증가한 수치입니다. 가계수지가 증가한 이유는 임금이 상승하고, 사업소득이 증가했기 때문입니다.

하지만 가계수지의 증가에도 불구하고, 가계의 경제적인 어려움은 여전합니다. 가계의 저축률은 2022년 기준으로 5.1%로, 2017년 이후 최저 수준입니다. 이는 가계의 소비가 증가하고, 저축이 감소했기 때문입니다.

우리나라는 통계청에서 가계의 수입과 지출을 조사하여 국민의 소득수준 및 생활실태를 파악하기 위해 가계수지 통계를 작성하여 발표하고 있습니다.

우리나라의 가계수지는 가계의 경제적인 건강 상태를 나타내는 중요한 지표입니다. 가계수지가 증가하면 가계의 경제적인 어려움이 완화되고, 가계수지가 감소하면 가계의 경제적인 어려움이 가중됩니다. 따라서 가계수지에 대한 지속적인 모니터링이 필요합니다.

가계순저축률

가계순저축률household saving rate은 가계가 벌어들인 소득에서 소비한 지출을 뺀 금액을 가계의 총소득으로 나눈 비율입니다. 가계순저축률은 가계의 저축 여력을 나타내는 지표로, 가계의 경제적 안정성을 평가하는 데 사용됩니다.

우리나라의 가계순저축률은 2017년 이후 꾸준히 감소하는 추세입니다. 이는 가계의 소비가 증가하고, 저축이 감소했기 때문입니다.

우리나라의 가계순저축률이 감소하는 이유는 다음과 같습니다.
- 임금이 상승하지 않고 있습니다.
- 물가가 상승하고 있습니다.
- 가계 부채가 증가하고 있습니다.
- 가계의 소비가 증가하고 있습니다.

우리나라의 가계순저축률이 낮아지면, 가계의 경제적 안정성이 취약해집니다. 가계의 저축이 감소하면, 경기 침체에 대비할 수 없고, 경제위기에 취약해집니다.

우리나라의 가계순저축률을 높이기 위해서는 다음과 같은 정책이 필요합니다.
- 임금을 상승시켜야 합니다.
- 물가를 안정시켜야 합니다.

경제기사를 읽는데 용어를 모른다고

- 가계 부채를 줄여야 합니다.
- 가계의 소비를 줄여야 합니다.

우리나라의 가계순저축률을 높이기 위해서는 정부의 정책뿐만 아니라, 가계의 노력도 필요합니다. 가계는 소비를 줄이고, 저축을 늘려야 합니다. 그래야만 경기 침체에 대비할 수 있고, 경제위기에 취약해지지 않습니다.

$$\text{가계순저축률(\%)} = \{\text{가계부문 순저축}/(\text{가계순처분가능소득}+$$

$$\text{사회적현물이전수취}+\text{연금기금의 가계순지분 증감조정})\} \times 100$$

가계신용통계

가계신용통계는 가구들이 대출을 얼마나 활발히 이용하고 있는지, 그리고 이에 따른 부채 상황을 파악하기 위한 통계입니다. 이를 통해 정부나 중앙은행은 경제의 건전성을 판단하고 정책을 수립할 수 있습니다.

1. 가계신용통계의 주요 지표
- 가계대출 총액 : 가구들이 은행이나 기타 금융기관으로부터 빌린 돈의 총액입니다. 이는 경제의 활성화와 소비 촉진에 기여할 수 있지만, 과도한 대출은 가계 부채의 증가로 이어질 수 있습니다.
- 가계부채비율 : 가계부채를 가계소득으로 나눈 비율로, 가구들이 자신의 소득 대비 얼마나 많은 부채를 갖고 있는지를 나타냅니다. 이는 가계의 경제적 건강을 평가하는 중요한 지표 중 하나입니다.

2. 우리나라의 가계신용·통계 상황

· 금리 변동에 따른 영향 : 한국은 대출금리가 상당히 낮은 편에 속합
니다. 낮은 금리는 가계대출 증가를 부추기는 경향이 있습니다. 그러
나 반대로 금리가 급등하면 가계대출에 부담이 가해질 수 있습니다.

· 주택시장과의 연관성 : 한국에서는 주택 시장과 가계신용이 깊게 연
관되어 있습니다. 주택가격 상승은 부의 증가와 함께 가계대출 수요
를 높일 수 있습니다.

3. 가계신용·통계와 정책의 상호작용

가계신용·통계는 정부와 중앙은행이 경제의 건전성을 유지하기 위해 정
책을 수립하는 데 중요한 도구로 활용됩니다. 예를 들어, 가계부채가 급
증할 경우 정부는 금리 조절 등의 정책을 통해 가계대출을 억제하고 부채
상환 부담을 경감시키려고 합니다.

4. 개인적인 관리와 주의사항

개개인은 가계대출에 앞서 신중한 계획과 자체적인 금융 관리가 필요합
니다.

금리의 변동에 민감하게 대응하고, 대출 목적에 따라 적절한 대출 상품
을 선택하는 것이 중요합니다.

가계신용·통계는 우리의 경제 건강을 판단하고 향후의 정책 방향을 결
정하는 중요한 지표 중 하나입니다.

경제기사를 읽는데 용어를 모른다고

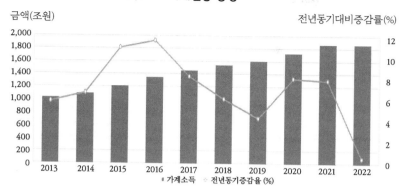

가계신용 동향

금액(조원)

전년동기대비증감률(%)

<출처 : 한국은행 「가계신용·동향」>

가계부실위험지수

가계부실위험지수Household Debt Repayment Risk Index, HDRI는 가계 부채 상황을 평가하는 지표 중 하나입니다. 이 지수는 가계의 총소득 대비 월 이자 지출 비율과 연체율 등을 종합하여 가계부채 상환 위험을 측정합니다.

1. 주요 지표

- 이자 지출 비율 : 가계의 총소득 대비 월 이자 지출이 어느 정도인지를 나타내며, 이것이 높을수록 가계는 대출 이자로 인한 부담을 겪을 가능성이 높아집니다.
- 연체율 : 대출 상환을 기한 내에 못하는 경우를 나타내며, 높은 연체율은 가계부실의 위험을 시사합니다.

2. 우리나라의 가계부실 상황

• 빠르게 증가하는 가계부채 : 우리나라의 가계부채는 수년간 지속적으로 증가해왔습니다. 주로 주택 구입을 위한 대출이 큰 부분을 차지하고 있습니다.

• 이자 부담 증가 : 가계부채의 금리 상승에 따라 이자 부담이 증가하고, 이는 HDRI를 높일 수 있습니다.

3. 정부의 대응과 정책

• 부동산 대책 : 정부는 주택 시장 안정화를 위한 다양한 정책을 시행하고 있습니다. 부동산 가격 안정화는 가계부채 관리에 중요한 역할을 합니다.

• 금리 정책 : 우리나라는 가계부채의 상황을 감안하여 금리를 조절하고 있습니다. 이는 가계의 대출 이자 부담을 관리하고 부채 위험을 완화하기 위한 시도입니다.

4. 개인 차원에서의 대응과 주의사항

• 신중한 대출 : 가계는 대출을 할 때 신중한 검토가 필요합니다. 자신의 상황에 맞는 대출 상품을 선택하고, 금리 변동에 대한 영향을 충분히 고려해야 합니다.

가계부실위험지수는 우리 경제의 건강을 측정하는 중요한 도구 중 하나입니다.

경제기사를 읽는데 용어를 모른다고

가교은행
bridge bank

가교은행은 파산한 은행의 자산과 부채를 일시적으로 인수하여 합병, 채권채무처리 등 후속조치를 전문적으로 수행하는 임시적인 은행입니다. 가교은행은 금융위기 당시 미국에서 도입되었으며, 우리나라에서는 2011년 워크아웃 절차가 도입되면서 도입되었습니다. 우리나라에서는 대표적으로 예금은행, 증권사, 보험사 등이 있습니다. 이러한 기관들은 각자의 영역에서 자금을 모으고 대출하거나 투자 등을 하지만, 이들 간에 서로 자금을 이동시키고 결제하는 작업이 필요합니다. 이때 가교은행이 중개자 역할을 하게 됩니다.

가교은행은 파산한 은행의 자산과 부채를 인수하여 금융소비자의 예금을 보장하고, 금융시장의 안정을 도모하는 역할을 합니다. 통상 1년에서 2년 정도 운영되며, 이 기간 동안 파산한 은행의 자산과 부채를 정리하고, 금융소비자의 예금을 보장합니다.

　가교은행의 도입은 금융위기 당시 미국에서 처음 시도되었습니다. 미국의 금융위기는 2008년 리먼 브라더스의 파산으로 시작되었습니다. 리먼 브라더스의 파산으로 미국의 금융시장은 큰 혼란에 빠졌고, 금융소비자들의 예금이 위협받았습니다. 이러한 상황에서 미국 정부는 가교은행을 도입하여 파산한 은행의 자산과 부채를 인수하고, 금융소비자의 예금을 보장했습니다. 가교은행의 도입은 미국의 금융위기를 안정시키는 데 큰 역할을 했습니다.

　우리나라에서는 2011년 워크아웃 절차가 도입되면서 가교은행이 도입되었습니다. 워크아웃 절차는 파산한 은행을 정상화시키는 절차입니다. 워크아웃 절차가 도입되기 전에는 파산한 은행은 강제청산되었습니다. 강제청산은 파산한 은행의 자산과 부채를 모두 매각하는 것입니다. 강제청산은 금융소비자의 예금을 보장할 수 없고, 금융시장의 안정을 해칠 수 있습니다. 이러한 문제를 해결하기 위해 워크아웃 절차가 도입되었고, 가교은행이 도입되었습니다.

가교은행의 역할과 기능은 무엇인가요?

가교은행은 예금은행이나 증권사에서 모은 자금을 필요로 하는 기업이나 다른 금융기관에 대출하거나 투자하는 역할을 합니다. 이를 통해 자금이 효율적으로 이동하게 됩니다.

금융거래에서 발생하는 결제와 정산 역시 가교은행이 담당합니다. 다양한 금융기관 간에 자금 이동 및 결제가 원활하게 이뤄질 수 있도록 중간에서 중개합니다.

가교은행은 시장의 변동성에 따른 위험을 효과적으로 관리하고, 금융기관들 간의 신용 위험을 최소화하는 역할을 수행합니다.

예를 들어, 우리나라의 가교은행으로는 한국은행이나 기업은행 등이 있습니다. 한국은행은 국가의 중앙은행으로서 주로 통화 발행, 통화량 조절, 경제 정책 수행 등의 역할을 수행하면서 동시에 다양한 금융기관과의 연결고리 역할을 합니다. 기업은행은 기업들의 자금 조달과 관리를 지원하며, 금융 시장에서 기업들을 대표하는 역할을 합니다.

역할을 마치면 정리대상 금융기관과 마찬가지로 없어지는 한시적 기관입니다.

가상통화
Virtual currency

가상통화는 중앙은행이나 정부가 발행하지 않고, 디지털 형태로 존재하는 통화입니다. 가상통화는 암호화 기술을 사용하여 만들어지기 때문에 위조나 변조가 어렵고, 안전하게 보관할 수 있습니다. 또한, 가상통화는 국경을 초월하여 자유롭게 거래할 수 있기 때문에, 전 세계 어디에서나 사용할 수 있습니다.

가상통화의 중심에 서 있는 것이 비트코인입니다. 2009년 비트코인이 처음 등장했을 때는 별다른 주목을 받지 않았지만, 시간이 흐르면서 그 가치가 급등하면서 많은 사람들의 관심을 끌게 되었습니다. 우리나라에서도 업비트, 빗썸 등을 통해 손쉽게 비트코인을 구매하고 판매할 수 있게 되었습니다.

우리나라에서는 다양한 가상통화 거래소가 운영되고 있습니다. 이런 거래소를 통해 비트코인뿐만 아니라 이더리움, 리플 등 다양한 가상통화를 거래할 수 있습니다. 거래소는 이를 통해 가상통화 시장을 유동적으로 운영하며, 사용자들은 자신의 투자 포트폴리오를 가상통화로 다양화시킬 수 있게 되었습니다.

가상통화는 다양한 용도로 사용될 수 있습니다. 대표적으로는 투자 목적으로 사용됩니다. 가상통화는 가격 변동성이 매우 크지만, 높은 수익률을 기대할 수 있기 때문에 투자자들이 많이 찾고 있습니다. 또한, 가상통화는 결제 수단으로 사용되기도 합니다. 가상통화는 국경을 초월하여 자유롭게 거래할 수 있기 때문에, 해외에서 물건을 구매할 때 사용하기 편리합니다.

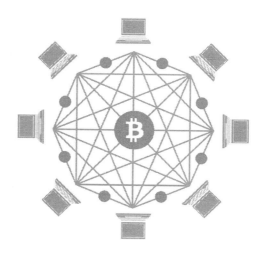

가상통화는 아직까지는 널리 사용되지 않고 있지만, 앞으로는 다양한 분야에서 사용될 가능성이 있습니다. 가상통화는 기존의 화폐와는 다른 특징을 가지고 있기 때문에, 금융 산업에 새로운 변화를 가져올 것으로 기대됩니다.

우리나라에서는 2017년부터 가상통화가 투자 상품으로 인정받았습니다. 이후 가상통화 시장은 급격히 성장했지만, 2022년 들어서는 가상통화 가격이 급락하면서 시장이 위축되고 있습니다.

다음은 국내에서 많이 유통되는 가상화폐의 종류와 특징을 정리한 것입니다.

가상화폐	종류	특징
비트코인	암호화폐	최초의 가상화폐로, 가장 큰 시가총액을 가지고 있다.
이더리움	암호화폐	스마트 컨트랙트 기능을 지원한다.
리플	암호화폐	국제 송금을 빠르고 저렴하게 처리할 수 있다.
솔라나	암호화폐	빠른 속도와 저렴한 수수료를 제공한다.
에이다	암호화폐	과학적 방법을 사용하여 개발되었다.
도지코인	암호화폐	밈에서 시작된 가상화폐로, 가격 변동성이 크다.

다음은 가상통화의 장단점입니다.

장점

· 위조나 변조가 어렵고, 안전하게 보관할 수 있습니다.
· 국경을 초월하여 자유롭게 거래할 수 있습니다.
· 높은 수익률을 기대할 수 있습니다.

단점

경제기사를 읽는데 용어를 모른다고

- 가격 변동성이 매우 큽니다.
- 거래소가 해킹당할 수 있습니다.
- 정부의 규제 대상이 될 수 있습니다.

우리나라국 정부는 가상통화 시장에 대한 규제를 강화하고 있습니다. 거래소들은 KYC(고객 신원 확인) 정책을 강화하고, 불법 활동을 방지하기 위해 정부의 지침을 따르고 있습니다. 이는 시장의 안정성과 투자자 보호를 위한 노력으로 이해됩니다.

가상통화의 기술적 기반인 블록체인 기술은 금융뿐만 아니라 다양한 분야에서도 활용되고 있습니다. 블록체인은 안전하고 투명한 거래를 가능하게 하며, 이를 통해 금융, 로그, 의료, 제조 등 여러 산업에서 혁신이 일어나고 있습니다.

거래비용
Transaction Costs

거래비용은 상품이나 서비스의 거래에 필요한 비용을 말합니다. 거래비용은 거래의 규모, 거래의 빈도, 거래의 형태에 따라 달라질 수 있습니다. 거래비용은 크게 정보비용, 대기비용, 협상비용, 집행비용으로 나눌 수 있습니다.

정보비용은 상품이나 서비스의 가격, 품질, 수량 등에 대한 정보를 얻는 데 드는 비용을 말합니다. 인터넷과 같은 정보통신 기술의 발달로 점차 감소하고 있습니다.

대기비용은 상품이나 서비스의 거래가 이루어지기까지 걸리는 시간에 대한 비용을 말합니다. 거래의 규모가 크고, 거래의 빈도가 높을수록 증가합니다.

협상비용은 상품이나 서비스의 가격을 협상하는 데 드는 비용을 말합니다. 거래의 규모가 크고, 거래의 빈도가 높을수록 증가합니다.

경제기사를 읽는데 용어를 모른다고

집행비용은 상품이나 서비스의 거래가 이루어진 후, 거래를 이행하는 데 드는 비용을 말합니다. 상품이나 서비스의 특성에 따라 달라질 수 있습니다.

거래비용은 상품이나 서비스의 거래를 어렵게 만들고, 거래의 효율성을 떨어뜨립니다. 따라서 경제학자들은 거래비용을 줄이는 방안을 연구하고 있습니다.

거래비용을 줄이는 방법에는 다음과 같은 것들이 있습니다.
- 정보통신 기술의 발달
- 상품이나 서비스의 표준화
- 거래의 중개기관의 활용
- 정부의 규제

거래비용을 줄임으로써 상품이나 서비스의 거래가 활성화되고, 경제의 효율성이 높아집니다.

예를 들어, 인터넷의 발달로 상품이나 서비스의 가격, 품질, 수량 등에 대한 정보가 쉽게 얻을 수 있게 되었습니다. 이는 정보비용을 줄여주고, 상품이나 서비스의 거래를 활성화시킵니다.

또한, 상품이나 서비스의 표준화는 상품이나 서비스의 가격을 협상하는 데 드는 비용을 줄여줍니다. 예를 들어, 컴퓨터의 경우, 표준화된 부품으로 만들어지기 때문에 가격을 협상할 필요가 없습니다.

거래의 중개기관은 거래의 규모가 크고, 거래의 빈도가 높을 때 발생하는 대기비용과 협상비용을 줄여줍니다. 예를 들어, 주식시장은 주식을 사고파는 데 필요한 대기비용과 협상비용을 줄여줍니다.

정부의 규제는 거래의 집행비용을 줄여줍니다. 예를 들어, 정부는 상품이나 서비스의 표준을 정하고, 거래의 중개기관을 허가함으로써 거래의 집행비용을 줄여줍니다.

거래비용은 상품이나 서비스의 거래를 어렵게 만들고, 거래의 효율성을 떨어뜨립니다. 따라서 경제학자들은 거래비용을 줄이는 방안을 연구하고 있습니다. 거래비용을 줄임으로써 상품이나 서비스의 거래가 활성화되고, 경제의 효율성이 높아집니다.

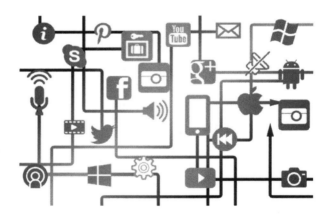

경제기사를 읽는데 용어를 모른다고

거래이론
Transaction Theory

거래이론은 경제학에서 시장의 효율성을 설명하는 이론입니다. 거래비용과 정보비용을 고려하여 시장의 효율성을 설명합니다.

거래비용은 상품이나 서비스의 거래에 필요한 비용을 말합니다. 정보비용은 상품이나 서비스의 가격, 품질, 수량 등에 대한 정보를 얻는 데 필요한 비용을 말합니다.

시장의 효율성을 결정하는 요소로 거래비용과 정보비용을 고려합니다. 거래비용이 높고 정보비용이 높으면 시장은 비효율적입니다. 반면, 거래비용이 낮고 정보비용이 낮으면 시장은 효율적입니다.

기업의 등장을 설명하는 데도 사용됩니다. 기업은 거래비용을 줄이기 위해 내부적으로 생산과정을 수행합니다. 기업이 등장하면 시장의 효율성이 높아집니다.

경제학에서 시장의 효율성을 설명하는 중요한 이론입니다. 거래이론은 기업의 등장을 설명하는 데도 사용됩니다.

거래이론의 예를 들어 설명해 보겠습니다.

예를 들어, 컴퓨터를 구매하려고 할 때, 우리는 인터넷에서 컴퓨터의 가격을 비교하고, 컴퓨터의 성능을 알아봅니다. 이때 우리는 정보비용을 지출합니다. 그리고 우리는 컴퓨터를 구매하기 위해 매장에 가서 컴퓨터를 보고, 컴퓨터를 구매합니다. 이때 우리는 거래비용을 지출합니다.

거래이론에 따르면, 컴퓨터를 구매하는 데 필요한 정보비용과 거래비용이 낮으면, 시장은 효율적입니다. 반면, 컴퓨터를 구매하는 데 필요한 정보비용과 거래비용이 높으면, 시장은 비효율적입니다.

거래이론은 기업의 등장을 설명하는 데도 사용됩니다. 기업은 거래비용을 줄이기 위해 내부적으로 생산과정을 수행합니다. 기업이 등장하면 시장의 효율성이 높아집니다.

거래비용을 줄이기 위해 기업들이 하는 다양한 노력들

기업들은 거래비용과 정보비용을 줄이기 위해 다양한 전략과 기술을 활용합니다. 이러한 노력은 비즈니스 프로세스를 효율화하고, 경쟁력을 강화하며, 최종적으로는 수익을 증가시키는데 도움이 됩니다. 다음은 그 중 몇 가지 예시입니다.

1. 디지털화와 자동화 : 디지털 기술의 발전으로 많은 업무 프로세스가 자동화되고 있습니다. 이는 거래 시간을 줄이고, 오류를 최소화하며, 인건

비를 절약하는 등 거래비용을 크게 줄일 수 있습니다.

2. 블록체인 기술 활용 : 블록체인 기술은 특히 금융거래에서 거래비용을 크게 줄일 수 있습니다. 이는 중간자 없이 안전하게 직접 거래할 수 있도록 해주기 때문입니다.

3. 클라우드 컴퓨팅 : 클라우드 서비스를 사용함으로써 하드웨어와 소프트웨어 유지 관리에 대한 비용과 노력을 크게 줄일 수 있습니다.

4. 데이터 분석 및 인공지능AI 활용 : 데이터 분석은 기업들이 정보비용을 줄이는 데 큰 도움이 됩니다. 대량의 데이터를 수집하고 분석함으로써, 기업들은 시장 트렌드를 예측하고, 소비자 행동을 이해하며, 제품 개발과 마케팅 전략에 필요한 중요한 통찰력을 얻을 수 있습니다. 또한 AI는 이러한 데이터 분석 과정을 자동화하고 최적화하는데 사용될 수 있습니다.

5. 전자상거래E-commerce : 온라인 판매 채널은 전통적인 물리적 매장에 비해 운영 비용이 상대적으로 낮습니다. 이로 인해 거래비용이 절감되며, 고객에게도 저렴한 가격으로 제품을 제공할 수 있게 됩니다.

6. 공급망 관리 최적화 : 기업들은 공급망 내에서의 효율성을 극대화하기 위해 다양한 전략과 도구를 활용합니다. 예를 들어, 실시간 트래킹 시스템과 예측 분석 도구를 사용하여 재고 관리를 최적화하거나, 로지스틱스 파트너와 협력하여 배송 비용을 줄일 수 있습니다.

7. 아웃소싱과 파트너십 : 일부 작업은 외부 업체에 아웃소싱하는 것이 경제적으로 더 효율적일 수 있습니다. 아웃소싱은 복잡하거나 전문 지식이 필요한 작업에서 자주 사용되며, 이는 내부 리소스를 절약하고 거래비용 및 정보비용을 줄일 수 있는 방법입니다.

8. 디지털 마케팅 : 디지털 마케팅 도구와 전략(예 : SEO, SMM 등)은 고객 대상 정보 전달의 비용과 시간을 크게 줄여줍니다.

9. 원격근무 및 유연근무제 도입 : 최근에는 코로나19 팬데믹 등으로 인해 많은 기업들이 원격 근무나 유연 근무제를 도입하고 있습니다. 이는 사무실 유지비용을 줄이고, 직원들의 통근 시간과 비용을 절약하는 등 거래비용을 줄일 수 있는 방법입니다.

10. 오픈 소스 소프트웨어 사용 : 많은 기업들이 고가의 상용 소프트웨어 대신 오픈 소스 소프트웨어를 활용하고 있습니다. 이는 라이선스 비용을 절약할 수 있으며, 커뮤니티 지원과 업그레이드가 가능한 장점도 있습니다.

이처럼 기업들은 다양한 방법으로 거래비용과 정보비용을 줄여 경영 효율성을 높이고, 경쟁력을 강화하는 데 노력하고 있습니다.

경제기사를 읽는데 용어를 모른다고

ㄱ
게임이론
Game Theory

게임이론은 의사 결정이 서로 상호 작용하는 상황에서 어떻게 최적의 전략을 선택할지를 다루는 수학적인 모델입니다. 게임이론은 플레이어 간의 상호작용을 분석하며, 각 플레이어가 자신의 이익을 극대화하기 위한 전략을 선택하는 방법을 다루는 학문입니다. 이를테면, 한 플레이어의 선택이 다른 플레이어에게 어떤 영향을 미치는지를 예측하고 설명합니다. 사회 과학, 특히 경제학에서 활용되는 응용 수학의 한 분야이며, 생물학, 정치학, 컴퓨터 과학, 철학에서도 많이 사용됩니다.

가장 기본적인 개념은 행동 전략입니다. 행동 전략은 게임에서 플레이어가 취할 수 있는 행동의 집합입니다. 예를 들어, 틱택토 게임에서 플레이어는 1, 2, 3, 4, 5, 6 중 하나를 선택할 수 있습니다. 이 6개는 모두 행동 전략입니다.

가장 중요한 개념 중 하나는 균형입니다. 균형은 게임에서 플레이어들이 서로의 행동을 예측하고, 그에 따라 최적의 행동을 취하는 상황입니다. 예를 들어, 틱택토 게임에서 두 플레이어가 모두 3을 선택하는 것은 균형입니다. 왜냐하면 두 플레이어 모두 3을 선택하면, 아무도 승리하지 못하고 게임이 무승부로 끝나기 때문입니다.

게임이론은 다양한 분야에서 사용됩니다. 경제학에서는 게임이론을 사용하여 시장의 가격과 수요를 예측하고, 기업의 전략을 분석합니다. 정치학에서는 게임이론을 사용하여 국제 협상과 선거 전략을 분석합니다. 사회학에서는 게임이론을 사용하여 집단 행동과 갈등 해결을 분석합니다. 생물학에서는 게임이론을 사용하여 진화와 생존 전략을 분석합니다.

게임이론은 매우 유용한 도구이지만, 사용하기 쉽지는 않습니다. 게임이론을 사용하려면 게임의 구조를 정확하게 이해하고, 플레이어들의 행동 전략을 분석할 수 있어야 합니다.

게임이론은 주로 각 플레이어가 선택한 전략에 따른 수익을 계산하고, 이를 최적화하기 위한 전략을 찾아냅니다. 이는 기업 간의 경쟁뿐만 아니라, 정치적 상황이나 국제 관계에서도 적용될 수 있습니다.

예를 들어, 게임이론을 사용하여 우리나라의 정치적 갈등을 분석할 수 있습니다. 우리나라의 정치적 갈등은 보수와 진보의 대립으로 나타나는데, 게임이론을 사용하면 이 대립의 원인을 이해하고, 해결책을 찾을 수 있습니다.

우리나라에서는 삼성과 LG의 스마트폰 경쟁이 좋은 예시입니다. 각 기업은 가격 정책, 기술 혁신, 마케팅 전략 등 다양한 요소에서 경쟁합니다. 만약 한 기업이 가격을 낮춘다면 다른 기업도 따라가야 할지, 아니면 다

경제기사를 읽는데 용어를 모른다고

른 전략을 선택해야 할지를 게임이론을 통해 분석할 수 있습니다.

게임이론은 완벽한 상황을 가정하며, 각 플레이어가 항상 최적의 선택을 한다고 가정합니다. 하지만 현실에서는 정보의 불완전성, 불확실성 등 다양한 요소들이 포함되므로 이를 고려해야 합니다.

이렇게 게임이론은 일상 생활에서 우리가 마주치는 다양한 상황을 분석하고, 최적의 의사 결정을 내리는 데에 활용될 수 있습니다.

게임이론을 현실에서 어떻게 적용할 수 있을까?

게임이론은 현실에서 다양한 분야에서 활용되고 있습니다. 경제학에서는 게임이론을 사용하여 시장의 가격과 수요를 예측하고, 기업의 전략을 분석합니다. 정치학에서는 게임이론을 사용하여 국제 협상과 선거 전략을 분석합니다. 사회학에서는 게임이론을 사용하여 집단행동과 갈등 해결을 분석합니다. 생물학에서는 게임이론을 사용하여 진화와 생존 전략을 분석합니다.

게임이론은 현실에서 다양한 분야에서 활용될 수 있는 이유는 게임이론이 사람들의 상호작용을 연구하고, 그 상호작용의 결과를 예측할 수 있는 도구이기 때문입니다. 게임이론을 사용하여 우리는 사람들이 어떤 상황에서 어떤 행동을 취할지 예측할 수 있고, 그에 따라 최적의 전략을 수립할 수 있습니다.

예를 들어, 경제학에서 게임이론은 시장의 가격과 수요를 예측하는 데 사용됩니다. 시장에서 가격은 공급과 수요의 상호작용에 의해 결정됩니다. 게임이론을 사용하여 우리는 공급자와 소비자의 행동을 예측하고, 그에 따라 시장의 가격과 수요를 예측할 수 있습니다.

또한, 정치학에서 게임이론은 국제 협상과 선거 전략을 분석하는 데 사용됩니다. 국제 협상에서는 각 국가가 협상에서 어떤 행동을 취할지 예측하는 것이 중요합니다. 게임이론을 사용하여 우리는 각 국가의 행동을 예측하고, 그에 따라 최적의 협상 전략을 수립할 수 있습니다.

이 밖에도, 게임이론은 사회학, 생물학 등 다양한 분야에서 활용되고 있습니다. 게임이론은 사람들의 상호작용을 연구하고, 그 상호작용의 결과를 예측할 수 있는 도구이기 때문에 다양한 분야에서 활용될 수 있습니다.

경제기사를 읽는데 용어를 모른다고

경기종합지수
composite index

경기종합지수는 여러 경제 지표들을 종합하여 그 결과를 하나의 지수로 표현한 것입니다. 약칭으로 CI_{composite index}라고 합니다. 1983년 3월부터 통계청에서 매달 작성하여 발표하고 있으며, 개별 구성지표의 경기전환점에 대한 일치성 정도에 따라 선행종합지수_{leading}·동행종합지수_{coincident}·후행종합지수_{lagging}로 나눕니다. 경기종합지수를 계산할 때, GDP_{Gross Domestic Product}, 소비자물가지수, 고용률 등과 같은 여러 경제적 변수들을 고려합니다.

우리나라의 대표적인 경기종합지수로 코스피_{KOSPI}와 코스닥_{KOSDAQ} 지수가 있습니다. 이들은 주식시장에서 기업들의 주가를 기반으로 계산되며, 주식시장의 흐름과 기업들의 실적을 반영하여 경기 동향을 파악하는 데 사용됩니다.

예를 들어, 국내 경제가 호조 상황일 때, 기업들의 실적이 좋아지고 투자자들이 주식 시장에 긍정적인 관심을 보일 것입니다. 이 경우 KOSPI와 KOSDAQ 지수는 상승할 가능성이 큽니다. 반대로, 우리나라 경제가 침체 상황이라면 기업들의 실적이 저조하고 투자자들이 비관적인 태도를 취할 것입니다. 이 경우 KOSPI와 KOSDAQ 지수는 하락할 가능성이 높습니다.

경기종합지수는 단순히 주식시장만을 대상으로 하는 것은 아닙니다. 다양한 요소와 데이터를 고려하여 계산될 수 있으며, 예를 들어 GDP 성장률, 소비자 동향 조사 결과, 제조업 생산량 등과 같은 다른 지표도 포함될 수 있습니다.

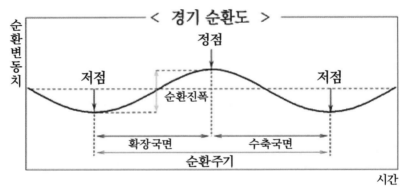

<출처 : 통계청>

또한 정부나 중앙은행은 경기종합지수 외에도 다른 전문 인덱스나 조사 결과 등을 활용하여 한국 경제 전반의 건전성과 안정성을 평가합니다. 예를 들어 우리나라는 외환당국(기획재정부와 한국은행)에서 발간하는 '외환보유액'도 한국 경제 안정성 평가에 사용되며, 국내외 여러 요소를 종합하여 분석합니다.

우리나라에서는 코스피와 코스닥 등 주식시장 지수 외에도 다양한 데

경제기사를 읽는데 용어를 모른다고

이터와 인덱스가 활용되어 경기 동향 및 전반적인 경제 상황을 평가합니다. 이러한 지표들은 투자자들과 정부/중앙은행 등 결정권자들에게 중요한 정보 제공 역할을 합니다.

선행종합지수

선행종합지수Leading Composite Index는 현재의 경제 활동이나 특정 부문의 지표들이 미래의 경제 흐름을 어떻게 예측할지를 나타내는 지표로 향후 경기 변동의 단기 예측에 이용됩니다. 이는 경제의 성장이나 침체를 예측하는 데에 중요한 도구로 활용됩니다.

선행종합지수는 여러 경제 지표들을 기반으로 계산됩니다. 예를 들어 생산량, 수출입, 투자, 소비자 신뢰지수, 주가지수 등이 이에 해당합니다. 이러한 지표들이 선행종합지수를 통해 측정되면, 미래의 경제 동향을 예측하는 데에 도움을 줍니다.

선행종합지수의 변화는 경기변동의 흐름을 파악하는 데 도움이 됩니다. 선행종합지수가 상승하면 경기가 호전될 가능성이 있고, 선행종합지수가 하락하면 경기가 침체될 가능성이 있습니다.

한국은행은 선행종합지수를 1970년부터 발표하고 있습니다. 한국은행의 선행종합지수는 100을 기준으로 합니다. 선행종합지수가 100보다 크면 경기 팽창, 그 이하면 하강을 뜻하며 100 이하에서 높아지면 경제 침체에서 회복하는 것을 의미합니다.

우리나라의 선행종합지수를 이해하기 위해, 코로나 바이러스로 인한 경제의 영향을 생각해봅시다. 코로나 발생 초기에는 생산량 감소, 소비자 신뢰도 하락 등이 나타났는데, 이는 선행종합지수를 통해 미리 예측할 수 있었습니다.

우리나라에서는 기업이나 정부에서 선행종합지수를 사용하여 미래 경제 동향을 예측하고 투자 전략을 세웁니다. 만약 선행종합지수가 양호하다면 기업은 더 많은 투자를 결정할 수 있습니다.

우리나라 정부는 선행종합지수를 활용하여 경제 정책을 결정합니다. 경제의 불확실성을 줄이고 지속 가능한 성장을 위해 선행종합지수를 적극적으로 활용하고 있습니다.

선행종합지수는 코스피, 경제심리지수, 건설수주액 등과 같이 앞으로 일어날 경제 상황을 알려주는 7개 지표들을 종합하여 작성합니다.

선행종합지수 구성지표(7개)

경제부문	지표명	내용	작성기관
생산	재고순환지표	생산자제품제조업출하 전년동월비 - 생산자제품제조업재고 전년동월비	통 계 청
생산·소비	경제심리지수	BSI(32개), CSI(17개) 중 경기대응성이 높은 7개 항목의 가중평균	한국은행
투자	기계류내수출하지수	설비용기계류에 해당하는 69개품목 (선박제외)	통 계 청
	건설수주액(실질)	종합건설업체의 국내건설공사 수주액	통 계 청
대 외	수출입물가비율	수출물가지수÷수입물가지수×100	한국은행
금 융	코스피	월평균	한국거래소
	장단기금리차	국고채유통수익률(5년,월평균) -무담보콜금리(1일물,중개거래,월평균)	한국은행

<출처 : 통계청>

선행종합지수는 경기변동의 흐름을 파악하는 데 도움이 되지만, 경기변동을 정확하게 예측하는 것은 불가능합니다. 선행종합지수는 여러 가지

경제기사를 읽는데 용어를 모른다고

경제 지표를 종합해서 계산하지만, 모든 경제 지표를 정확하게 예측하는 것은 불가능합니다. 또한, 경제 지표는 서로 영향을 미치기 때문에 선행종합지수의 변화가 경기변동의 흐름을 정확하게 반영하지 않을 수도 있습니다.

선행종합지수

전월대비 0.3% '23.08
선행종합지수 111.4 (2015=100) '23.08

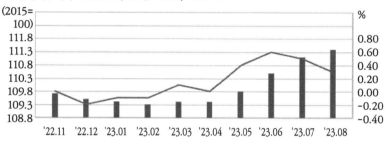

<출처 : KOSIS>

동행종합지수

동행종합지수Coincident Composite Index는 현재 경기의 상태를 나타내는 지표입니다. 즉, 경기가 호전되고 있는지 침체되고 있는지를 알려줍니다. 현재의 고용, 소비, 생산 등이 이에 해당합니다. 이러한 지표들이 동행종합지수를 통해 측정되면, 현재 경제의 흐름을 이해할 수 있습니다.

동행종합지수는 현재의 경기상태를 나타내는 지표로서 비농림어업취업자수, 광공업생산지수, 서비스업생산지수 등과 같이 국민경제 전체의 경기변동과 거의 동일한 방향으로 움직이는 7개 지표로 구성됩니다.

동행종합지수 구성지표(7개)

경제부문	지표명	내 용	작성기관
고 용	비농림어업취업자수	취업자수-농림어업취업자수	통 계 청
생 산	광공업생산지수	광업,제조업,전기·가스업(대표품목485개)	통 계 청
	서비스업생산지수	도소매업 제외	통 계 청
소 비	소매판매액지수	소매업, 자동차판매 중 승용차	통 계 청
	내수출하지수	광업,제조업,전기·가스업(내수용)	통 계 청
투 자	건설기성액(실질)	건설업체에서 시공한 공사액	통 계 청
대 외	수입액(실질)	수입액(CIF)÷수입물가지수	관 세 청

<출처 : 통계청>

동행종합지수

전월대비 0.1% '23.08

동행종합지수 110.1 (2015=100) '23.08

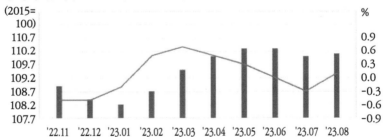

— 전월대비   ● 동행종합지수

<출처 : KOSIS>

동행종합지수는 현재의 경제 활동을 반영하지만, 모든 측면을 완전히 포함하지는 않습니다. 또한, 특정 지표의 변화가 항상 경제의 현재 상태를 정확하게 반영하지는 않을 수 있습니다.

경제기사를 읽는데 용어를 모른다고

후행종합지수

후행종합지수lagging composite index는 경제의 전반적인 동향을 나타내는 지표 중 하나로, 현재의 경기 변동에 따라 뒤따라 움직이는 경제 지표를 말합니다. 즉, 과거의 경제 활동을 기반으로 현재의 경제 상황을 파악합니다.

후행종합지수는 현재의 경기에 따라 변하는 여러 경제 지표들을 사용하여 계산됩니다. 주로 GDP, 고용률, 소비 지출 등이 포함됩니다. 이러한 지표들이 후행종합지수를 통해 측정되면, 과거의 경제 활동을 토대로 현재의 경기를 평가할 수 있습니다.

후행종합지수의 변화는 경기변동의 흐름을 파악하는 데 도움이 됩니다. 후행종합지수가 상승하면 경기가 호전되고, 후행종합지수가 하락하면 경기가 침체되고 있습니다.

후행종합지수는 경기의 변동을 사후에 확인하는 지표로서 취업자수, 생산자제품재고지수, 소비재수입액 등과 같은 5개 지표로 구성됩니다.

후행종합지수 구성지표(5개)

경제부문	지표명	내 용	작성기관
고 용	취업자수	경제활동인구 중 취업자수	통 계 청
생 산	생산자제품재고지수	광업·제조업(대표품목 417개)	통 계 청
소 비	소비자물가지수변화율 (서비스)	서비스 152개 품목 물가지수의 전년동월대비 변화율	통 계 청
대 외	소비재수입액(실질)	소비재수입액÷소비재수입물가지수	관 세 청
금 융	CP유통수익률	CP(Commercial Paper) 91일물의 단순평균수익률	금융투자협회

<출처 : 통계청>

57

후행종합지수

전월대비 0.1% '23.08

후행종합지수 113.9 (2015=100) '23.08

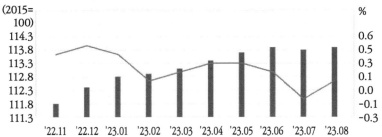

━ 전월대비   ● 후행종합지수

<출처 : KOSIS>

경제기사를 읽는데 용어를 모른다고

ᄀ

경제
economy

경제란 우리가 물건과 서비스를 생산하고 분배하며 소비하는 모든 활동을 포함합니다. 경제는 가계, 기업, 국가에 의하여 이룩되는 모든 경제활동을 말한다. 경제는 크게 생산, 분배, 소비의 세 가지 요소로 이루어져 있습니다. 생산은 재화를 만들어내는 과정을 말하고, 분배는 재화를 생산자와 소비자에게 나누어주는 과정을 말합니다. 소비는 재화를 사용하는 과정을 말합니다.

국내총생산GDP는 국가에서 생산된 총 가치를 나타내며, 국민소득은 국민 전체에게 분배된 총 소득입니다. 이 지표들은 경제의 건강 상태를 파악하는 데에 중요한 역할을 합니다. 우리나라에서는 GDP와 국민소득을 통해 경제의 성장과 개인 소득 수준을 측정합니다.

우리나라는 제조업, 서비스업, 농업 등 다양한 산업을 보유하고 있습니다. 특히 기술 분야에서 선도적인 위치를 차지하며 K-pop, K-drama 등 문화 산업도 급부상하고 있습니다.

우리나라는 세계적으로 수출이 강한 국가로 유명합니다. 특히 반도체, 자동차, 휴대폰 등의 제품들이 해외에서 많이 사용되고 있습니다. 이로 인해 수출이 증가하면 국내 경제에 긍정적인 영향을 미칩니다.

우리 정부는 경제를 지원하고 균형을 유지하기 위해 다양한 정책을 시행합니다. 세금, 금융정책, 노동 시장 등을 조절하여 경제 안정을 유지하려 노력하고 있습니다.

고용률은 일자리를 가진 인구 비율을 나타내며, 인플레이션은 물가 상승률을 나타냅니다. 안정적인 고용률과 적절한 인플레이션은 건강한 경제의 지표로 간주됩니다.

우리나라는 발전된 금융 시장을 가지고 있습니다. 주식시장, 채권시장 등이 활발하게 운영되며, 이는 투자와 자본 유동성을 촉진합니다.

경제성장률

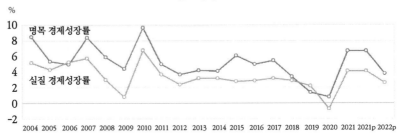

<출처 : 한국은행 「국민계정」>

우리나라의 경제는 여러 가지 문제에 직면해 있습니다. 고령화, 저출산, 양극화, 저성장 등이 주요 문제입니다. 우리나라 정부는 이러한 문제를 해결하기 위해 노력하고 있습니다. 우리나라의 경제는 꾸준히 성장하고 있

경제기사를 읽는데 용어를 모른다고

지만, 여전히 해결해야 할 문제가 많습니다.

생산

생산$_{production}$은 우리가 소비하는 제품과 서비스를 만들어내는 모든 과정을 의미합니다. 생산은 크게 농업, 제조업, 서비스업으로 나뉩니다. 농업은 식량, 섬유, 목재 등을 생산합니다. 제조업은 자동차, 전자제품, 의류 등을 생산합니다. 서비스업은 금융, 보험, 운송, 호텔, 음식점 등을 생산합니다.

경제에서 생산은 매우 중요한 역할을 합니다. 생산을 통해 재화가 만들어지면, 소비자들은 재화를 구매할 수 있고, 기업들은 수익을 얻을 수 있습니다. 또한, 생산은 일자리를 창출하고, 경제 성장을 촉진합니다.

우리나라는 제조업이 강한 나라로 유명합니다. 예를 들어 삼성전자의 스마트폰을 생각해보세요. 스마트폰은 다양한 부품들을 조립하고 소프트웨어를 포함하여 여러 공정을 거쳐 생산됩니다.

생산은 국가의 경제 성장과 직결됩니다. 생산이 활발하게 일어날수록 국가의 총생산$_{GDP}$이 증가하게 되고, 이는 경제의 건강한 성장을 나타냅니다.

생산이 증가하면 일자리가 늘어날 수 있습니다. 특히 제조업은 많은 노동력을 필요로 하므로, 생산 증가는 고용 창출에도 기여합니다.

이처럼 생산은 우리의 일상에서 떼어놓을 수 없는 중요한 과정으로, 국가 전반의 경제적 발전과 개인의 삶에 큰 영향을 미칩니다.

분배

분배distribution는 재화와 서비스가 생산자와 소비자에게 나누어지는 과정을 말합니다. 분배는 크게 소득 분배와 재산 분배로 나뉩니다. 소득 분배는 개인이나 가구의 소득이 어떻게 분배되는지를 말하고, 재산 분배는 개인이나 가구의 재산이 어떻게 분배되는지를 말합니다.

우리나라는 일부 선진국들과 마찬가지로 사회적 불평등이 존재합니다. 소득이 부자층과 가난한 층간에 큰 격차를 보이는 경우가 있습니다. 이는 교육, 직업 기회, 그리고 일자리의 품질 등이 영향을 미치기도 합니다.

경제에서 분배는 매우 중요한 역할을 합니다. 분배가 공정하게 이루어지지 않으면, 경제 성장이 저해되고, 사회적 갈등이 발생할 수 있습니다. 따라서 경제 정책의 중요한 목표 중 하나는 분배의 공정성을 높이는 것입니다.

소득 분배의 경우, 소득 상위 10%의 가구가 전체 소득의 40% 이상을 차지하고, 소득 하위 10%의 가구가 전체 소득의 2% 미만을 차지합니다. 재산 분배의 경우, 상위 1%의 가구가 전체 재산의 12% 이상을 차지하고, 하위 50%의 가구가 전체 재산의 12% 미만을 차지합니다.

우리나라는 이러한 문제를 행결하기 위해 다양한 정책을 추진하고 있는데 대표적인 정책으로는 최저임금 인상, 근로시간 단축, 사회보험 확대 등이 있습니다. 그러나 이러한 정책들은 아직까지 큰 효과를 보지 못하고 있습니다.

경제에서 분배의 공정성을 높이기 위해서는 보다 근본적인 변화가 필요합니다. 대표적인 변화로는 경제 구조의 변화, 교육의 변화, 사회 분위기의

경제기사를 읽는데 용어를 모른다고

변화 등이 있습니다. 경제 구조의 변화는 대기업 중심의 경제에서 중소기업 중심의 경제로 바뀌어야 합니다. 교육의 변화는 수월성 교육에서 공정성 교육으로 바뀌어야 합니다. 사회 분위기의 변화는 경쟁과 효율성보다 협력과 상생을 중시하는 분위기로 바뀌어야 합니다.

우리나라의 경제에서 분배의 공정성을 높이기 위해서는 보다 근본적인 변화가 필요합니다. 이러한 변화를 위해서는 국민의 관심과 참여가 필요합니다.

소비

소비consumption란 우리가 일상적으로 물건이나 서비스를 구매하여 사용하는 행위를 의미합니다. 소비는 경제의 중요한 요소 중 하나입니다. 소비가 증가하면 기업의 수익이 증가하고, 경제 성장이 촉진됩니다. 또한, 소비는 일자리를 창출하고, 경제에 활력을 불어넣습니다. 음식, 의류, 주거, 교통 등 다양한 부분에서 발생합니다.

소비는 국내총생산GDP에서 중요한 부분을 차지하며, 소비량이 많을수록 국가의 경제는 활성화되고 성장합니다. 우리나라는 소비의 증가와 경제 성장이 상호 연결된 경제 체계를 가지고 있습니다.

우리나라는 제조업 강국으로, 많은 재화와 서비스를 수출합니다. 그러나 우리나라의 경제는 내수 시장이 매우 작기 때문에, 수출이 감소하면 경제가 침체될 수 있습니다. 따라서 정부는 소비를 늘리기 위해 다양한 정책을 추진하고 있습니다. 대표적인 정책으로는 소비세 인하, 저금리 정책, 경기 부양책 등이 있습니다.

우리나라에서의 소비는 다양한 부문에서 이루어지고 있습니다. 예를 들어, 우리나라는 급격한 도시화와 높은 기술 수준을 바탕으로 IT 제품, 음식 서비스, 여가 활동 등 다양한 분야에서 소비가 확장되고 있습니다.

우리나라에서는 스마트폰과 인터넷이 보편화되면서 온라인 소비가 빠르게 증가하고 있습니다. 온라인 쇼핑, 스트리밍 서비스 등이 늘어나면서 전통적인 소비 방식과는 다른 소비 트렌드가 등장했습니다.

대표적인 정책으로는 고령자 일자리 창출, 저출산 대책, 소득 재분배 정책 등이 있습니다. 정부는 이러한 정책을 통해 소비를 늘리고, 경제 성장을 촉진할 수 있을 것으로 기대하고 있습니다.

이처럼 소비는 경제의 중요한 구성 요소 중 하나로, 소비 패턴은 국가의 경제 건강과 개인의 삶에 큰 영향을 미칩니다.

소비자

소비자Consumer는 상품과 서비스를 구매하고 이를 사용하는 개인이나 가구를 가리키는 용어입니다. 우리나라의 경제 상황에서 소비자는 국내 경제의 주요 주체 중 하나로 간주됩니다.

우리나라의 가계소비가 증가할 경우, 이는 경제 성장을 촉진할 수 있습니다. 가계소비가 늘어나면 기업들은 생산량을 늘리고 더 많은 제품을 생

경제기사를 읽는데 용어를 모른다고

산해야 합니다. 이로 인해 더 많은 일자리가 창출되며, 경제는 활성화될 수 있습니다. 이를 통해 한국은 경제 발전을 달성하고 국민의 삶의 질을 향상시킬 수 있습니다.

또한, 소비자의 선택과 구매 패턴은 시장 동향을 반영하며 기업들의 경쟁력을 형성합니다. 예를 들어, 만약 소비자들이 환경 친화적인 제품에 더 큰 관심을 가지게 된다면, 기업들은 친환경 제품을 제공하려고 노력하며, 이는 친환경 기업들의 성장을 촉진할 것입니다.

소비자 기대

소비자 기대Consumer Expectations는 일반 개인 또는 가구들이 미래에 대한 경제적 상황, 소득 수준, 물가 상승률, 일자리 시장, 그리고 개인 금융 상황에 대한 예상과 기대를 나타내는 것입니다.

예를 들어, 우리나라 소비자들이 미래에 높은 소득을 기대하고 물가 상승률이 낮을 것으로 예상한다면, 그들은 더 많은 소비를 할 가능성이 높습니다. 이런 경우 소비자들은 큰 구매 결정을 내리는데 더 용의할 것이며, 이는 소비 패턴에 긍정적인 영향을 미칠 수 있습니다. 예상된 미래 소득이 높으면 대출을 받아 주택을 구입하거나 자동차를 구매하는 등 대규모 지출을 늘릴 수 있습니다.

반면에, 소비자들이 미래에 경제가 어려워질 것으로 예상하면 절약을 늘리고 소비를 줄일 수 있습니다. 이러한 소비자 기대의 변화는 우리나라 경제 성장률에 영향을 미칠 수 있으며, 경기 침체 또는 회복을 예측하는 중요한 지표 중 하나입니다.

경제지표
Economic Indicators

경제지표는 경제의 흐름을 파악하기 위해 사용하는 지표입니다. 국가의 경제적 성과를 이해하고 평가하는 데에 중요한 역할을 합니다.

1. 국내총생산

국내총생산Gross Domestic Product, GDP은 한 국가에서 생산된 모든 재화와 서비스의 시장 가치의 총합입니다. 우리나라에서는 이 지표가 국가의 경제 성장을 나타내는 주요 지표 중 하나로 사용됩니다. GDP가 증가하면 국가의 경제가 성장하고, 감소하면 경제가 축소하는 것으로 해석됩니다.

(예시 : 우리나라의 GDP가 증가하면 기업들이 더 많은 제품과 서비스를 생산하고, 일자리가 늘어나고, 국민들의 소득이 증가할 수 있습니다.)

2. 실업률

실업률Unemployment Rate은 현재 취업이 가능하면서 취업하지 못하는 인구의 비율을 나타냅니다. 이 지표는 노동 시장의 건강 상태를 파악하는 데에 사용됩니다.

(예시 : 실업률이 상승하면 일자리 부족이나 경제의 불안정 등의 문제가 있을 수 있습니다.)

3. 소비자물가지수

CPIConsumer Price Index는 소비자가 구매하는 상품과 서비스의 평균 가격 변동을 측정합니다. 소비자물가지수는 물가 상승률을 나타내는 주요 지표 중 하나입니다.

(예시 : CPI가 상승하면 소비자에게 물가 상승으로 가계 소득이 감소할 수 있습니다.)

4. 수출입 균형

수출입 균형Balance of Trade은 국가의 수출과 수입 간의 차이를 나타냅니다. 양수일 경우 수출이 수입보다 많다는 것을 의미하며, 음수일 경우 수입이 더 많다는 것을 나타냅니다.

(예시 : 우리나라가 수출이 많고 수입이 적다면 외환 보유액이 증가할 수 있습니다.)

5. 주택 가격 지수

주택 가격 지수_{Housing Price Index}는 주택 시장의 건강 상태를 나타내는 지표로, 주택 가격의 상승이나 하락을 측정합니다.

(예시 : 주택 가격이 급등하면 부동산 시장이 과열되었을 수 있습니다.)

6. 경기선행지수

경기선행지수_{Leading Economic Index}는 경제가 어떻게 발전할지를 나타내는 지표로, 경기의 선행 동향을 나타냅니다.

(예시 : 경기선행지수가 상승하면 경제의 성장이 예상되고, 하락하면 경제의 침체가 예상될 수 있습니다.)

이러한 경제 지표들은 정부, 기업, 투자자 등이 경제의 건강 상태를 파악하고 전략을 세우는 데에 중요한 도구로 활용됩니다.

경제사이클
Economic Cycle

경제 사이클은 경제가 성장과 침체를 반복하는 현상을 말합니다. 국가의 경제가 일정한 주기로 파동 형태로 움직이는 현상을 나타냅니다. 이 주기는 경제의 성장과 침체가 번갈아 가며 나타나는데, 크게 네 가지 단계로 나눌 수 있습니다. 1단계는 경기 확장기입니다. 이 단계에서는 경제가 성장하고, 기업의 수익이 증가합니다. 2단계는 경기 정점입니다. 이 단계에서는 경제가 최고조에 달합니다. 3단계는 경기 침체기입니다. 이 단계에서는 경제가 침체하고, 기업의 수익이 감소합니다. 4단계는 경기 바닥입니다. 이 단계에서는 경제가 최저점에 달합니다.

경제 사이클은 여러 가지 요인에 의해 발생하는데 대표적인 요인으로는 투자, 소비, 정부 정책 등이 있습니다. 투자가 증가하면 경제가 성장하고, 소비가 증가하면 경제가 활성화됩니다. 정부 정책이 경기를 부양하면 경제가 성장합니다. 반대로 투자가 감소하면 경제가 침체되고, 소비가 감소하면 경제가 위축됩니다. 정부 정책이 경기를 위축시키면 경제가 침체됩니다.

우리나라 경제는 1997년 외환위기 이후 경기 침체기를 겪었고, 2000년대 중반에는 경기 확장기를 겪었습니다. 2010년대에는 경기가 비교적 안정적으로 유지되었지만, 2020년에는 코로나19로 인해 경기가 침체되었습니다.

경제 사이클을 이해하면 경기의 흐름을 예측할 수 있고, 이에 따라 투자 계획을 세울 수 있습니다. 또한, 경제 사이클을 이해하면 경기를 부양하거나 위축시키는 정책을 수립할 수 있습니다.

경제 사이클은 경제의 흐름을 파악하는 데 도움이 되지만, 경제 사이클을 예측하는 것은 매우 어렵습니다. 여러 가지 요인에 의해 발생하기 때문에, 정확한 예측을 하기는 어렵습니다. 또한, 경제 사이클은 예측할 수 없는 사건에 의해 영향을 받을 수 있습니다. 예를 들어, 코로나19는 예상치 못한 사건으로 인해 경제 사이클에 큰 영향을 미쳤습니다.

경제 사이클은 국가의 경제 활동이 일정한 주기로 반복되는 현상이지만, 각 주기마다의 세부적인 원인과 특징은 다를 수 있습니다. 따라서 경제 사이클을 이해하는 것도 중요하지만, 경제 사이클에 너무 의존하지 않는 것이 좋습니다.

경제기사를 읽는데 용어를 모른다고

ㄱ

경제학
Eeconomics

경제학은 인간의 선택과 제한적 자원의 효율적인 분배, 그리고 시장에서의 상호 작용과 그 영향에 대해 연구하는 학문입니다. 경제학에는 다양한 분야가 있습니다. 대표적인 분야로는 미시경제학과 거시경제학이 있습니다. 미시경제학은 개별 경제 주체의 경제 활동을 연구하는 학문입니다. 거시경제학은 경제 전체의 경제 활동을 연구하는 학문입니다.

공급과 수요

시장에서 상품이나 서비스의 가격은 공급과 수요에 의해 결정된다는 경제학의 기본 개념입니다.

무역

국가 간의 상품과 서비스 교환으로, 국제 무역은 국가의 경제에 큰 영향을 미칩니다. 우리나라의 수출 중심의 경제 구조는 세계 경제의 변동에 따라 영향을 받을 수 있습니다.

실업률

경제학에서 실업률은 노동 인구 중 실제로 일하지 못하는 비율을 나타냅니다. 급격한 산업 구조 변화나 경기 하강 시기에 실업률이 증가할 수 있습니다.

민간 소비와 저축

소비는 경제 주체가 소비재를 구매하는 행위를 의미하며, 이는 경제 성장과 관련이 있습니다. 소비자 신용카드 사용 증가는 소비를 촉진할 수 있습니다.

통화정책

중앙은행이 통화를 발행하고 이를 통해 경제를 안정시키는 정책을 의미합니다. 한국은행을 통해 통화정책을 수행하여 금리를 조절하고 통화량을 관리합니다.

인플레이션과 디플레이션

물가 상승이나 하락으로 인한 경제 현상으로, 물가 안정을 위해 중요한 관점입니다. 인플레이션 율이 일정 수준을 유지하기 위해 통화정책을 조절할 수 있습니다.

경제학은 현실 세계에서 발생하는 다양한 현상을 분석하고 설명하는 데에 도움을 주는 학문으로, 정부 정책, 기업의 전략, 개인의 소비 등 다양한 의사 결정에 대한 이해를 제공합니다.

미시경제학

미시경제학은 경제학의 한 분야로, 개별 경제 주체의 경제 활동을 연구합니다. 미시경제학은 개인, 가구, 기업 등의 경제 활동을 연구합니다. 미시경제학은 시장의 작동 방식을 이해하고, 경제 정책을 수립하는 데 도움을 줍니다.

미시경제학의 주요 개념으로는 수요와 공급, 가격, 이윤, 생산성 등이 있습니다. 수요는 특정 상품이나 서비스의 구매량을 의미합니다. 공급은 특정 상품이나 서비스의 판매량을 의미합니다. 가격은 특정 상품이나 서비스의 가격을 의미합니다. 이윤은 기업이 생산한 상품이나 서비스의 판매 가격에서 생산 비용을 뺀 금액을 의미합니다. 생산성은 기업이 생산한 상품이나 서비스의 양을 생산에 투입된 자원량으로 나눈 값을 의미합니다.

거시경제학

거시경제학은 경제학의 한 분야로, 경제 전체의 경제 활동을 연구합니다. 거시경제학은 경제 성장, 물가, 실업률, 국제수지 등의 경제 현상을 연구합니다. 거시경제학은 경제 정책을 수립하고, 경제를 관리하는 데 도움을 줍니다.

거시경제학의 주요 개념으로는 경제 성장률, 물가상승률, 실업률, 국제수지 등이 있습니다. 경제 성장률은 한 해 동안의 경제 규모가 얼마나 증가했는지를 나타내는 지표입니다. 물가상승률은 한 해 동안의 물가가 얼마나 증가했는지를 나타내는 지표입니다. 실업률은 한 해 동안의 실업자가 차지하는 비율을 나타내는 지표입니다. 국제수지는 한 해 동안의 수출과 수입의 차이를 나타내는 지표입니다.

경제기사를 읽는데 용어를 모른다고

경제학적 모델
Economic Model

경제학적 모델은 경제 현상을 수학적으로 표현한 것입니다. 경제학적 모델은 경제 현상을 이해하고 예측하는 데 도움을 줍니다.

다양한 방법으로 표현할 수 있습니다. 가장 간단한 방법은 수학적 방정식을 사용하는 것입니다. 예를 들어, 수요와 공급의 법칙은 수요와 공급의 관계를 나타내는 방정식입니다. 이 방정식을 사용하여 수요와 공급의 변화가 가격에 미치는 영향을 분석할 수 있습니다.

또한 그래프로 표현할 수 있습니다. 예를 들어, 수요와 공급의 그래프는 수요와 공급의 관계를 그래프로 나타냅니다. 이 그래프를 사용하여 수요와 공급의 변화가 가격에 미치는 영향을 분석할 수 있습니다.

시뮬레이션으로 표현할 수 있습니다. 예를 들어, 경제 시뮬레이션은 경제의 작동을 시뮬레이션합니다. 이 시뮬레이션을 사용하여 경제 정책의 효과를 분석할 수 있습니다.

다양한 분야에서 활용됩니다. 대표적으로 경제 정책 수립에 활용됩니다. 경제학자들은 경제학적 모델을 사용하여 경제 정책의 효과를 분석하고, 경제 정책을 수립합니다. 또한, 경제학적 모델은 기업의 경영 전략 수립에도 활용됩니다. 경제학자들은 경제학적 모델을 사용하여 기업의 경제적 환경을 분석하고, 경영 전략을 수립합니다.

우리나라의 경제학자들은 다양한 경제학적 모델을 개발해왔습니다. 대표적으로 한국은행의 '한국경제모형'과 한국개발연구원KDI의 'KDI 경제모형'이 있습니다. 한국경제모형은 한국 경제의 작동을 분석하고, 경제 정책의 효과를 분석하는 데 사용됩니다. KDI 경제모형은 한국 경제의 장기 성장 잠재력을 분석하고, 경제 정책의 효과를 분석하는 데 사용됩니다.

고용경제학
Economic Model

고용경제학은 노동 시장과 관련된 현상을 연구하는 학문으로, 일반적으로 고용, 임금, 교육, 노동 시장의 특성 등을 다룹니다. 고용경제학은 크게 세 가지 주요 주제로 나눌 수 있습니다.

고용경제학은 크게 세 가지 주요 주제로 나눌 수 있습니다:

1. 노동 공급 : 개인이나 가구가 얼마나 많은 시간을 일하는지(노동 공급량)를 결정하는 요인에 대한 연구입니다. 여기에는 임금 수준, 생활비, 교육 수준 등이 포함됩니다.

2. 노동 수요 : 기업이 얼마나 많은 직원을 고용할 것인지(노동 수요량)를 결정하는 요인에 대한 연구입니다. 여기에는 기술적 진보, 경제 환경, 생산성 등이 포함됩니다.

3. 노동 시장 규제 : 정부가 노동시장에서의 임금과 고용 상태를 조절하

기 위해 사용하는 정책 및 법률 등에 대한 연구입니다.

그럼 우리나라의 사례를 통해 이러한 주제들을 좀 더 자세히 살펴보겠습니다.

1. 노동 공급과 한국 사회 : 최근 몇 십 년 동안 우리나라에서는 교육 수준이 높아진 사람들이 취업 시장에서 보다 많은 일자리를 찾게 되었습니다. 이로 인해 전문화된 직책과 역할에 대한 수요가 증가하였습니다.

2. 노동수요와 4차 산업혁명 : 4차 산업혁명으로 인해 AI, 로봇공학 등과 같은 신기술 분야에서의 일자리 수요가 급증하였습니다. 그러나 이러한 변화로 인하여 일부 전통적인 직종에서는 일자리 감소가 발생하였습니다.

3. 노동시장 규제와 최저임금 : 우리나라에서는 최근 몇 년 동안 최저임금이 상승하였습니다. 이는 저임금 근로자들의 생활수준을 향상시키는데 기여하였지만, 일부 소규모 사업자들에게는 인건비 부담을 증가시켰습니다.

4. 고령화와 노동 시장 : 우리나라는 세계에서 가장 빠르게 고령화가 진행되고 있는 나라 중 하나입니다. 이로 인해 은퇴 연령이 증가하고, 고령자를 위한 일자리 창출이 중요한 사회 문제로 대두되었습니다.

5. 여성의 경제 활동 참여 : 여성의 경제 활동 참여율이 계속해서 증가함에 따라, 여성 친화적인 정책과 일-생활 균형을 위한 조치들이 필요해진 상황입니다.

경제기사를 읽는데 용어를 모른다고

이처럼 고용경제학은 우리 일상생활과 밀접한 관련이 있으며, 개인의 선택부터 정부 정책까지 다양한 요소를 통해 우리 사회의 노동 시장 동향을 이해하는데 도움을 줍니다.

공급
Supply

공급은 시장에서 판매 가능한 상품이나 서비스를 제공할 수 있는 능력을 의미합니다. 공급의 양은 여러 요인에 의해 결정되며, 이들 요인 중 일부는 생산 비용, 기술적 진보, 예상 가격 등이 있습니다.

공급곡선 : 이러한 공급은 주로 공급 곡선을 통해 시각화됩니다. 공급 곡선은 가격과 수량 간의 관계를 나타내며, 일반적으로 가격이 오르면 공급량도 증가하는 양의 상관관계를 갖습니다.

경제기사를 읽는데 용어를 모른다고

우리나라의 상황을 통해 이를 좀 더 구체적으로 살펴보겠습니다.

- 생산 비용과 공급 : 생산 비용이 상승하면 판매자는 같은 가격에 더 적은 양의 상품을 제공하게 됩니다. 예를 들어, 우리나라에서 원유 가격이 급등하면 주유소는 같은 가격에 더 적은 양의 기름을 공급할 것입니다.

- 기술적 진보와 공급 : 기술적 진보가 생산성을 향상시키면 판매자는 같은 비용으로 더 많은 상품을 생산할 수 있습니다. 예를 들어, 우리나라의 반도체 제조사들이 세계 최고 수준의 기술력을 보유했다고 해봅시다. 이 경우 그들은 동일한 자본과 인력으로도 대량의 반도체 칩셋을 생산하여 시장에 공급할 수 있습니다.

- 예상 가격과 공급 : 판매자가 미래에 가격이 오를 것으로 예상하면 현재 시점에서 그 상품을 보류하려 할 수 있습니다. 이 경우 현재 시점에서 해당 상품의 공급량이 줄어듭니다. 우리나라 부동산 시장에서 종종 볼 수 있는 현상입니다.

- 정부 정책 : 정부 정책 역시 공급량에 영향을 줍니다. 예를 들어, 정부가 소규모 사업자들에게 지원금을 주면 이들 사업자들은 추가적인 자본으로 더 많은 서비스나 제품을 제공할 수 있게 됩니다.

- 시장 경쟁과 공급 : 시장의 경쟁 상황도 공급에 영향을 미칩니다. 우리나라의 통신사들이 경쟁적으로 데이터 요금제를 개선하면서 소비자들에게 제공하는 데이터 용량(공급량)이 증가한 것이 대표적인 예입니다.

공급은 경제에서 중요한 역할을 합니다. 공급이 증가하면 가격이 하락하고, 공급이 감소하면 가격이 상승합니다. 따라서 공급은 경제의 안정을 유지하는 데 중요한 역할을 합니다.

경제기사를 읽는데 용어를 모른다고

공급탄력성
Elasticity of Supply

공급탄력성은 시장에서 상품이나 서비스의 공급량이 가격 변동에 얼마나 민감하게 반응하는지를 나타내는 지표입니다. 이는 생산자가 가격 변화에 따라 얼마나 빠르게 생산량을 조절할 수 있는지를 측정합니다.

탄력성의 계산 : 공급 탄력성은 일반적으로 다음과 같이 계산됩니다.

공급 탄력성 = 공급수량의 변화율(%) / 가격변동률(%)

공급 탄력성이 1보다 크면 공급은 탄력적이라고 하며, 가격이 조금만 변해도 그에 비례하여 크게 변한다는 의미를 가지고, 1보다 작으면 비탄력적이라고 하며, 가격 변동에 따라 공급량이 최소한으로 변한다는 것을 의미합니다.

공급 탄력성은 양수 또는 음수일 수 있습니다. 공급 탄력성이 양수라는 것은 공급량이 가격의 변화에 따라 증가한다는 것을 의미하고, 공급 탄력성이 음수라는 것은 공급량이 가격의 변화에 따라 감소한다는 것을 의미합니다.

공급 탄력성은 다음과 같은 요인에 따라 달라질 수 있습니다.
- 생산 비용 : 생산 비용이 높으면 공급 탄력성이 낮아집니다.
- 생산 기술 : 생산 기술이 발전하면 공급 탄력성이 높아집니다.
- 생산 자원의 가용성 : 생산 자원이 제한적이면 공급 탄력성이 낮아집니다.
- 시간 : 시간이 지나면 공급 탄력성이 높아집니다.

우리나라의 경우, 공급 탄력성은 다양한 산업에서 다르게 나타납니다. 예를 들어, 농업 분야의 공급 탄력성은 낮은 편입니다. 이는 농업 생산에 필요한 자원이 제한적이기 때문입니다. 반면, 제조업 분야의 공급 탄력성은 높은 편입니다. 이는 제조업 생산에 필요한 자원이 상대적으로 쉽게 조절할 수 있기 때문입니다.

공급 탄력성이 낮은 산업에서는 가격 변화에 따른 공급량의 변화가 크지 않기 때문에 경제가 가격 변화에 덜 민감합니다. 반면, 공급 탄력성이 높은 산업에서는 가격 변화에 따른 공급량의 변화가 크기 때문에 경제가 가격 변화에 민감합니다.

공급 탄력성은 경제학에서 중요한 개념입니다. 공급 탄력성을 이해하면

경제기사를 읽는데 용어를 모른다고

가격 변화에 따른 공급량의 변화를 예측할 수 있습니다. 또한, 공급 탄력성을 이해하면 정부가 정책을 수립할 때 공급량의 변화를 고려할 수 있습니다.

공시정책
Disclosure Policy

공시정책은 기업이 투자자들에게 회사의 재무 상황, 경영 활동, 재무 전망 등을 공개하는 정책을 말합니다. 기업의 투명성을 높이고, 투자자들이 회사의 재무 상황을 정확하게 파악할 수 있도록 하여 투자자 보호에 기여합니다.

우리나라에서는 공시정책을 규제하는 법률로 자본시장법이 있습니다. 자본시장법에서는 기업의 공시 의무를 규정하고, 공시 내용의 정확성과 적시성을 보장하기 위한 조치를 마련하고 있습니다. 또한, 금융위원회는 공시제도의 실효성을 높이기 위해 공시규정 등을 제정하고, 공시 위반에 대한 제재를 규정하고 있습니다.

- 증권시장에서의 공시 : 한국 증권시장에서는 기업들이 중요한 사항을 공시해야 합니다. 예를 들어, 상장 기업은 재무제표, 경영성과에 대한 정보를 정기적으로 제출해야 하며, 중요한 사건이나 정보 변경

시 신속하게 공시해야 합니다.

- 금융기관의 공시 : 한국의 금융기관들은 자산 규모, 재무 상태, 대출 포트폴리오 등에 관한 정보를 정기적으로 공시하여 시장의 안정성과 신뢰성을 유지합니다.
- 환경·사회·지배구조$_{ESG}$ 공시 : 최근에는 기업의 사회적 책임과 환경 관리 등에 대한 정보를 공시하는 것이 중요시되고 있습니다. 기업들은 자발적으로 ESG 정보를 공개하여 지속가능한 경영에 대한 투명성을 제공합니다.

공시정책은 투자자가 기업에 대한 정보에 더 쉽게 접근하고 신속하게 평가할 수 있도록 도와줍니다. 이는 투자자 보호를 강화하고 투자 환경을 향상시킵니다.

공시는 시장 투명성을 높이는 중요한 역할을 합니다. 투자자들은 시장에 대한 믿음을 가질 수 있고, 이는 건전한 시장 운영에 도움이 됩니다.

공시정책은 기업 간의 경쟁이 공정하게 이루어지도록 돕습니다. 정보의 대칭성이 유지되면서 기업들은 공평한 기회를 얻게 됩니다.

우리나라의 공시정책은 국내 경제의 건전성과 투명성을 유지하고, 투자자들이 안전하게 투자할 수 있도록 돕는 중요한 요소입니다. 미래에는 디지털 기술의 도입과 글로벌 환경 변화에 대응하며 발전해 나갈 것으로 예상됩니다.

ㄱ

과점
Oligopoly

과점은 소수의 대기업 또는 기업 집단이 시장을 지배하고 있는 시장 구조를 나타냅니다. 이는 해당 시장에서 경쟁이 제한되고 소수의 큰 기업이 시장을 주도하는 형태를 의미합니다.

과점 시장에서는 몇 개의 주요 기업이 주요 생산자이며, 이들 간의 경쟁이 치열하게 벌어지기 때문에 가격과 생산량 등에 영향을 주는 결정이 중요하게 이루어집니다.

1. 통신사업 : 우리나라의 이동통신 시장은 적은 수의 대기업이 주도하고 있는 과점 구조를 보입니다. SK텔레콤, KT, LG유플러스 등이 시장의 대부분을 지배하며, 이들 간의 경쟁이 시장의 특징으로 부각됩니다.

2. 자동차 산업 : 자동차 산업에서도 우리나라는 대기업인 현대자동차와 기아자동차가 주도하는 구조를 가지고 있습니다. 이들 기업이 시장에

경제기사를 읽는데 용어를 모른다고

서 주도적인 입지를 갖고 있으며, 이로 인해 소비자들은 이 두 기업에 의존해야 하는 상황이 발생합니다.

3. 전자제품 산업 : 우리나라는 세계적으로 유명한 전자제품 제조사들이 많이 있습니다. 예를 들어 삼성전자와 LG전자는 스마트폰, TV, 가전제품 등 다양한 제품 분야에서 과점적인 입지를 갖고 있습니다. 이들 기업은 기술력과 규모의 경쟁력으로 시장을 주도하고 있으며, 소비자들에게 다양한 선택지를 제공합니다.

4. 철강산업 : 우리나라의 철강산업도 과점 구조가 보입니다. 포스코와 현대제철 등 몇 개의 대기업이 시장을 주도하고 있으며, 철강 생산량과 가격 결정에 큰 영향력을 행사합니다.

과점 구조는 일부 기업들이 시장을 독식하는 것으로 보일 수 있지만, 정부나 규제 기관의 강력한 개입 없이는 어렵게 변화할 수 있는 상황입니다. 이러한 경우 정부는 카르텔 형성 방지나 건강한 경쟁 조건 조성 등을 위해 규제와 감독 역할을 수행하기도 합니다.

그러나 중소기업 육성 정책이나 창작경영 활성화 등 다양한 뿌리깊은 문화 변화로 인해 우리나라 경제에서 과점 구조에 도전하는 움직임도 나타나고 있습니다.

과점 구조에서는 큰 기업들이 시장을 주도하고 있기 때문에 새로운 기술이나 혁신이 효과적으로 시장에 진입하기 어려울 수 있습니다.

과점은 우리나라 경제에서 다양한 산업에서 나타나고 있으며, 이에 대한 규제와 기업들의 대응 전략이 시장 구조를 결정하는 중요한 요소가 됩

니다. 이를 통해 소비자와 시장의 효율성을 유지하는 것이 경제적으로 중
요하다고 할 수 있습니다.

경제기사를 읽는데 용어를 모른다고

ㄱ

국내총생산
Gross Domestic Product, GDP

국내총생산은 한 국가에서 생산된 모든 상품과 서비스의 시장 가치의 총합을 나타냅니다. 즉, 한 나라의 경제적 활동을 측정하는 주요 지표 중 하나입니다. 보통 1년을 기준으로 측정합니다.

1980년대까지는 국민총생산gross national product, GNP이 주로 사용되었으나, 국민의 실제적인 복지를 측정하는 데에는 GDP가 더 적합하다는 인식하에 현재는 GDP가 널리 사용되고 있다.

GDP는 다양한 방법으로 계산할 수 있습니다. 가장 일반적인 방법은 생산법입니다. 생산법은 한 나라에서 생산된 모든 재화와 서비스의 시장 가치를 합산하여 GDP를 계산합니다.

다른 방법으로는 소득법과 지출법이 있습니다. 소득법은 한 나라에서 생산된 모든 재화와 서비스의 생산에 참여한 모든 사람들의 소득을 합산하여 GDP를 계산합니다. 지출법은 한 나라에서 소비, 투자, 정부 지출, 순

수출입의 총합을 합산하여 GDP를 계산합니다.

 GDP의 장점은 다음과 같습니다.

- 경제 규모를 측정하는 데 유용합니다.

- 경제 활동의 변화를 추적하는 데 유용합니다.

- 정책 입안자들이 경제 정책을 평가하는 데 유용합니다.

 GDP의 단점은 다음과 같습니다.

- 시장 가치를 기준으로 계산되기 때문에 재화와 서비스의 품질은 고려하지 않습니다.

- 시장에서 거래되지 않는 재화와 서비스는 포함하지 않습니다.

- 환경에 미치는 영향을 고려하지 않습니다.

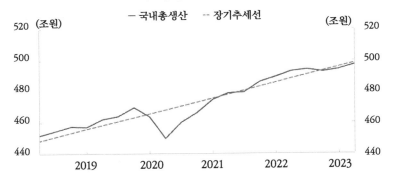

국내총생산과 장기추세

주 : 1) 계절조정 분기 실질GDP 기준
    2) HP필터에 기반한 장기추세치(추정기간: 1960년 1/4분기~최근, λ =1600)

<출처 : ECOS>

경제기사를 읽는데 용어를 모른다고

GDP는 한 나라의 경제 활동을 측정하는 데 사용되지만, 한 나라의 경제 규모를 나타내는 데도 사용됩니다. GDP가 높을수록 한 나라의 경제 규모가 크다는 것을 의미합니다.

국제수지
Balance of Payments

국제수지란 일정기간 동안 일국이 다른 나라와 행한 모든 경제적 거래를 체계적으로 분류한 것을 말한다. 국제수지는 수출, 수입, 외환 보유액 등을 포함하여 국가의 경제 활동과 다른 국가들과의 거래를 종합적으로 기록합니다.

국제수지는 크게 경상수지와 자본수지로 나뉩니다. 경상수지는 상품과 서비스의 수출입으로 발생하는 수익과 지출을 기록한 항목입니다. 자본수지는 투자와 송금으로 발생하는 수익과 지출을 기록한 항목입니다.

국제수지의 핵심은 수출과 수입입니다. 우리나라는 주로 제조업을 중심으로 다양한 제품을 세계에 수출하고 있습니다. 자동차, 반도체, 통신기기 등이 주목을 받고 있으며, 이를 통해 외국으로부터 수입되는 원자재나 중간재 등이 있습니다. 수출이 수입보다 많을 경우 '흑자', 즉 양호한 국제수지 흐름이라고 볼 수 있습니다.

국제수지 흑자
수출＞수입

국제수지 적자
수출＜수입

국제수지에는 유·무형의 서비스 거래도 포함됩니다. 한국은 문화, 엔터테인먼트, 정보기술 등에서 강점을 가지고 있어 해외에 서비스를 수출하고 있습니다. 반대로 외국의 서비스를 수입하는 경우도 있습니다.

국제수지는 자본 거래도 반영합니다. 외국으로부터 투자를 받거나 외국으로 투자를 하는 경우가 여기에 속합니다. 우리나라는 외국으로의 투자 유치를 촉진하고 있으며, 한편으로는 해외에 투자를 확대하는 추세가 있습니다.

국제수지

경상수지 48억 980만 달러 '23.08
금융계정 57억 2,740만 달러 '23.08

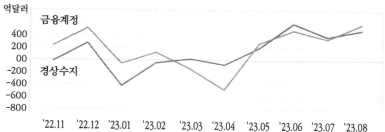

<출처 : KOSIS>

통화의 교환율, 외환 보유액 등도 국제수지에서 고려되는 요소입니다. 통화의 가치 변동은 국제무역에 영향을 미치며, 우리나라는 금융 거래를 통해 국제 경제와 연결돼 있습니다.

경상수지

경상수지balance on current account는 국제간의 거래에서 자본거래를 제외한 경상적 거래에 관한 수지를 말한다. 경상수지는 한 나라의 경제가 국제 거래에서 얼마나 건전한지를 나타내는 지표입니다. 경제발전 및 정책변화의 효과를 측정하거나 전망하는 데 널리 이용된다.

경상수지는 크게 수출과 수입으로 나눕니다. 수출은 한 나라가 다른 나라에 상품과 서비스를 판매하여 얻는 수익입니다. 수입은 한 나라가 다른 나라에서 상품과 서비스를 구매하여 지출하는 비용입니다.

경상수지는 또한 무역수지와 서비스수지로 나눕니다. 무역수지는 상품의 수출입으로 발생하는 수익과 지출을 기록한 항목입니다. 서비스수지는 서비스의 수출입으로 발생하는 수익과 지출을 기록한 항목입니다.

자본수지

자본수지Capital Account는 나라 간의 투자와 자산 이동을 나타냅니다. 다른 나라에 자본을 투자하거나, 그 반대로 외국 투자가 들어오는 경우를 포함합니다. 자본수지가 균형을 이루면, 한 나라는 국제 투자에서 적자를 보지 않고, 경제가 안정적으로 성장할 수 있습니다.

자본수지는 크게 직접투자와 간접투자로 나눕니다. 직접투자는 한 나라가 다른 나라의 기업에 투자하여 지분을 취득하는 것을 말합니다. 간접투자는 한 나라가 다른 나라의 주식이나 채권에 투자하는 것을 말합니다.

자본수지는 또한 순이자수익과 순송금으로 나눕니다. 순이자수익은 한 나라가 다른 나라에서 이자를 받고 지불하는 금액의 차이를 말합니다. 순

경제기사를 읽는데 용어를 모른다고

송금은 한 나라가 다른 나라에서 송금을 받고 송금하는 금액의 차이를 말합니다.

예를 들어, 한 나라의 경제가 성장하면 외국인 투자가 증가하고, 자본수지가 흑자일 가능성이 높습니다. 또한, 한 나라의 통화가 강세를 보이면, 외국인 투자가 증가하고, 자본수지가 흑자일 가능성이 높습니다.

금리
Interest Rate

금리는 돈을 빌리거나 대출을 받을 때 지불해야 하는 이자의 비율을 나타냅니다. 일반적으로 연간 이율로 표현되며, 중앙은행이나 금융 기관이 정하는데, 경제의 여러 측면에 영향을 미칩니다.

금리는 크게 두 가지 종류가 있습니다. 첫째, 시장금리는 금융기관이 서로 돈을 빌려줄 때 주고받는 금리입니다. 둘째, 정책금리는 중앙은행이 금융기관에 돈을 빌려줄 때 주고받는 금리입니다.

금리는 투자, 소비, 인플레이션 등에 영향을 미치며, 중앙은행은 금리를 통해 경제를 안정시키고 통제하는 데 중요한 역할을 합니다.

우리나라의 중앙은행인 한국은행은 기준 금리를 조절하여 경제를 안정시키고 성장을 촉진합니다. 낮은 금리는 대출을 유도하고 소비와 투자를 증가시키는데 사용됩니다.

금리가 낮을 때 주택담보대출의 이자 부담이 감소하므로 부동산 시장

경제기사를 읽는데 용어를 모른다고

이 활성화될 수 있습니다. 금리 인하는 주택 구매를 촉진할 수 있습니다.

금리 수준은 외환 시장에도 영향을 미칩니다. 높은 금리는 외국 투자자들에게 높은 이자 수익을 제공하여 외환 시장에 자금을 유치할 수 있습니다.

우리나라의 금리는 한국은행이 조절합니다. 한국은행은 시장금리를 정책금리에 맞추기 위해 시장금리와 정책금리 사이의 차이를 조절합니다.

한국은행은 정책금리를 조절할 때 여러 가지 요인을 고려합니다. 가장 중요한 요인은 물가입니다. 물가가 오르면 한국은행은 정책금리를 높이고, 물가가 내리면 한국은행은 정책금리를 낮춥니다. 또한, 한국은행은 경제성장률, 실업률, 환율 등을 고려합니다.

한국은행 기준금리 변동추이

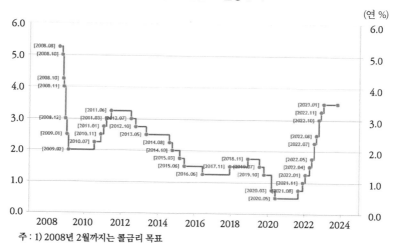

주 : 1) 2008년 2월까지는 콜금리 목표

<출처 : 한국은행>

한국은행은 정책금리를 조절하여 경기를 부양하거나 둔화시키는 역할을 합니다. 경기가 침체되면 한국은행은 정책금리를 낮추어 경기를 부양하고, 경기가 과열되면 한국은행은 정책금리를 높여 경기를 둔화시킵니다.

기준금리는 한국은행 금융통화위원회에서 결정하는 정책금리를 말합니다.

가산금리

가산금리는 금융기관이 대출금리에 더해 받는 수수료입니다. 가산금리는 대출금리의 상승과 하락에 따라 변동합니다. 대출금리가 상승하면 가산금리도 상승하고, 대출금리가 하락하면 가산금리도 하락합니다. 일반적으로 신용도가 낮으면 금리가 높고 신용도가 높으면 금리가 낮습니다.

$$가산금리 = 기준금리 + 신용도차이$$

가산금리는 금융기관의 이익을 보장하는 역할을 합니다. 금융기관은 대출금리를 상승시키면 가산금리도 상승시켜 이익을 보장할 수 있습니다.

한국은행은 가산금리를 통제할 수 없습니다. 한국은행은 기준금리를 조정할 수 있지만, 가산금리는 금융기관이 자율적으로 결정합니다.

변동금리

변동금리는 시장금리의 변동에 따라 금리가 계속 바뀌는 것을 의미합

경제기사를 읽는데 용어를 모른다고

니다. 변동금리 대출은 일반적으로 1년, 2년, 3년, 5년, 10년 단위로 이자율을 조정합니다.

대출자가 변동금리 대출을 받으면, 대출금리가 시장금리에 따라 변동합니다. 시장금리가 상승하면 대출금리도 상승하고, 시장금리가 하락하면 대출금리도 하락합니다. 따라서 대출금리가 상승하면 대출자는 더 많은 이자를 지불해야 하고, 대출금리가 하락하면 대출자는 더 적은 이자를 지불해야 합니다.

변동금리의 장점은 금리 하락시 이자 부담을 줄일 수 있다는 것입니다.

고정금리

고정금리는 대출이나 예금의 이자율이 약정된 기간 동안 일정하게 유지되는 금리를 의미합니다. 이는 대출이나 예금 계약 시에 금리가 변동하지 않고 일정 기간 동안 고정된 상태로 유지되는 형태입니다. 정기예금, 정기적금과 같은 예금상품은 대부분 고정금리이며, 채권, CP(기업어음), CD(양도성예금증서) 등도 고정금리를 줍니다.

장점

- 고정금리는 금리의 상승이나 하락에 상관없이 약정된 기간 동안 이자 부담을 예측할 수 있습니다.
- 금리가 현재 낮은 수준에 있을 때, 고정금리로 대출을 받으면 금리가 상승해도 일정 기간 동안 현재 낮은 금리로 대출을 이용할 수 있습니다.

단점

- 고정금리를 선택하면 금리가 하락할 경우 현재 약정된 높은 금리로 대출이나 예금을 이용해야 하는 단점이 있습니다.

경기가 불안정할 때 금리의 변동성이 높아질 수 있습니다. 이때 고정금리를 선택하여 금리 상승에 따른 부담을 피하는 경우가 있습니다.

한국은행의 기준 금리 조정에 따라 시장 금리가 변동됩니다. 경기 불안정 시 고정금리가 더 많은 선택지가 될 수 있습니다.

고정금리와 변동금리 중 어떤 것을 선택해야 할지 결정하기 위해서는 재정 상황, 대출 기간, 앞으로의 금리 방향 등을 고려해야 합니다.

스테그플레이션

스테그플레이션Stagflation은 경기 침체와 물가 상승이 동시에 발생하는 경제 현상을 말합니다.

스태그네이션stagnation과 인플레이션inflation을 합성한 신조어로, 정도가 심한 것을 슬럼프플레이션slumpflation이라고 합니다.

스테그플레이션은 경기 침체와 물가 상승이 동시에 발생하기 때문에, 경제에 매우 심각한 영향을 미칩니다. 경기 침체로 인해 기업의 생산과 투자가 감소하고, 실업률이 증가합니다. 물가 상승으로 인해 소비자의 구매력이 감소하고, 기업의 수익이 감소합니다.

스테그플레이션이 발생하는 원인은 다양합니다. 가장 일반적인 원인은 경기 침체와 물가 상승을 동시에 유발하는 정책입니다. 예를 들어, 경기 침체를 극복하기 위해 정부가 대규모의 재정 지출을 하거나, 통화 공급을 증가시키면 물가가 상승할 수 있습니다. 또한, 원자재 가격 상승이나 공급망 문제로 인해 물가가 상승할 수 있습니다.

스테그플레이션은 경제에 매우 심각한 영향을 미치기 때문에, 정부는 스테그플레이션을 예방하기 위해 노력해야 합니다. 스테그플레이션을 예방하기 위해서는 경기 침체와 물가 상승을 동시에 유발하는 정책을 피해야 합니다. 또한, 원자재 가격 상승이나 공급망 문제를 해결해야 합니다.

ㄱ

금리인하요구권

대출 등을 이용하는 소비자가 본인의 신용상태가 개선된 경우(재산 증가 또는 신용평점 상승 등) 금융회사에 금리인하를 요구할 수 있는 권리를 말합니다. 보통 은행별로 상이하지만 직장변동, 연 소득의 변동, 직위 변동, 전문자격증 취득, 자산증가, 부채 감소 등도 해당됩니다. 금융기관마다 신청할 수 있는 사유가 다르기 때문에 신청하기 전 체크해 보셔야 합니다.

신청방법

은행영업점을 직접 방문하시거나 인터넷, 모바일로 신청할 수 있습니다.

각 은행이나 금융기관별로 증빙서류가 다르기 때문에 신청하기 전에 확인하셔야 합니다.

신청을 하게 되면 보통 영업일 기준으로 10일 이내에 심사결과를 받게 됩니다.

경제기사를 읽는데 용어를 모른다고

기대이론

Expectations Theory

기대이론은 금융 시장에서의 이자율을 예측하는 이론으로, 투자자들이 미래에 발생할 이벤트를 고려하여 현재의 이자율을 결정한다는 가정에 기반합니다. 예를 들어, 만약 투자자들이 미래에 높은 인플레이션을 예상하고 있다면, 그들은 높은 이자율을 요구할 것이고, 결과적으로 단기 및 장기 이자율이 상승할 것입니다. 반면에, 낮은 인플레이션을 예상한다면, 이자율도 낮아질 것입니다.

우리나라 경제에서도 기대이론은 중요합니다. 예를 들어, 한국은행이 인플레이션 압력 등으로 인해 앞으로 몇 년 동안 기준금리를 인상할 가능성을 시사하면, 통화 정책에 대한 시장 참가자들의 기대가 변경됩니다. 이런 경우 그들은 보다 높은 수익률을 요구하여 장단기 채권 스프레드가 확대되고 이는 다시 장단기 국채 수익률 곡선의 모양 변화로 나타납니다.

부동산 시장에서도 비슷한 원칙이 적용됩니다. 만약 사람들이 부동산 가격 상승을 예상한다면 그들은 부동산 통계를 주시하며 향후 주택 구매나 판매 계획 등 자신의 결정에 반영할 것입니다.

- 금리 구조와의 관련 : 기대이론은 주로 금리 구조를 설명하는 데 활용됩니다. 금리 구조란 여러 기간 동안의 이자율을 나타내는 것으로, 이론에 따르면 이러한 금리 구조는 투자자들의 미래 기대에 따라 형성된다고 설명됩니다.
- 경제 예측과의 연계 : 투자자들의 경제 예측이 기대이론에 큰 영향을 미칩니다. 예를 들어, 경제가 성장할 것으로 예상되면 투자자들은 인플레이션의 증가로 이어질 것이라 예상하며, 이는 미래 이자율의 상승을 의미할 수 있습니다.
- 국제 금융 시장에서의 적용 : 기대이론은 국제 금융 시장에서도 중요한 역할을 합니다. 우리나라나 다른 국가의 투자자들은 국제적인 경제 이벤트, 외환 시장 등에 대한 예측을 기반으로 자국의 이자율을 결정합니다.
- 우리나라의 경제가 성장할 것으로 예상되면 투자자들은 이에 따라 인플레이션과 높아질 수 있는 이자율 상승을 예상할 것입니다. 이로 인해 현재의 이자율이 미래를 반영하여 상승할 수 있습니다.

브룸의 기대이론

조직 행동학에 있어서 동기부여 이론 중 하나로, 인간의 행동은 목표 달성에 대한 기대와 그 결과에 따른 보상을 고려하여 결정된다는 개념입니다.

경제기사를 읽는데 용어를 모른다고

브롬의 기대이론은 크게 세 가지 주요 요소에 중점을 둡니다.

1. 기대감Expectancy : 개인은 어떤 일을 할 때 그 일을 수행하는데 성공할 것인지에 대한 기대치를 형성합니다. 이는 개인이 자신의 능력에 대한 평가를 반영합니다. 높은 기대치는 높은 성과 기대를 의미합니다.

2. 수단성Instrumentality : 개인은 특정 행동이 원하는 결과를 가져다 줄 것으로 예상하는지에 대한 기대를 형성합니다. 즉, 어떤 행동을 했을 때 그 결과로 어떤 보상이나 성과를 받을 것으로 기대하는지를 고려합니다.

3. 유의성Valence : 개인은 어떤 결과나 보상이 그들에게 얼마나 가치 있는지에 대한 평가를 합니다. 예를 들어, 돈, 성취감, 인정 등의 보상이 각각 다른 개인에게 다르게 가치 있을 수 있습니다.

브롬의 기대이론에서 중요한 것은 이 세 가지 요소가 모두 곱해져서 동기부여 수준Motivation을 결정한다는 점입니다. 즉, 세 요소 중 하나라도 낮으면 동기부여 수준 역시 낮아집니다.

예를 들어, 직원 A가 많은 노력을 들여 프로젝트를 완료했으나 (기대), 회사에서 그 노력을 인정하지 않거나 (연관성) 보상으로 주어진 것이 A가 원하는 것이 아니라면 (보상 가치), A의 동기부여 수준은 낮아질 것입니다.

따라서 조직에서 관리자들은 직원들의 동기부여를 유발하기 위해 이러한 요소들을 충족시키는 환경과 조건들을 제공하려고 노력해야 합니다.

내시균형
Nash Equilibrium

내시균형은 게임 이론에서 중요한 개념으로, 상호 의존적인 의사결정을 하는 다수의 참여자가 각자의 선택에서 더 이상 이익을 얻을 수 없는 상태를 나타냅니다. 간단히 말하면, 각 참여자가 자신의 선택을 바꾸지 않고는 더 나은 결과를 얻을 수 없는 상태를 말합니다. 내시균형은 게임 이론의 핵심 개념으로, 경제학, 정치학, 사회학 등 다양한 분야에서 활용되고 있습니다.

내시균형은 1950년 존 내시John Nash가 발표한 논문에서 처음 소개되었습니다. 내시는 내시균형을 통해 게임이론의 두 가지 중요한 문제를 해결했습니다. 첫째, 내시균형은 게임에서 각 플레이어가 최적의 전략을 선택하는 조건을 제시했습니다. 둘째, 내시균형은 게임에서 각 플레이어가 최적의 전략을 선택할 때, 게임의 결과가 무작위적이지 않고 예측 가능함을 보여주었습니다.

예를 들어, 두 개의 기업이 제품 가격을 결정하는 상황에서 생각해봅시다. 만약 어느 한 기업이 가격을 올리면 자신의 이윤은 증가할 수 있지만, 동시에 다른 기업이 가격을 낮추면 시장에서의 판매량이 줄어들게 됩니다. 따라서 두 기업 모두가 서로의 전략을 고려하고 최적의 선택을 했을 때, 이러한 선택들이 서로에게 주어진 조건에서 최선의 선택이 되는 지점이 내시균형이 됩니다.

가상의 상황에서 두 대기업 A와 B가 비슷한 제품을 판매하고 있다고 가정합시다. 두 기업이 가격을 어떻게 정할지에 따라 시장에서의 경쟁이 결정됩니다.

만약 기업 A가 가격을 낮추면, 소비자들은 더 저렴한 제품을 선호할 것입니다. 그러나 기업 B는 더 낮은 가격에서 수익을 올리기 어렵게 됩니다.

만약 기업 B가 가격을 낮추면, 마찬가지로 소비자들은 저렴한 제품을 선호하게 됩니다. 그러나 기업 A는 더 낮은 가격에서 경쟁하기 힘들어집니다.

이런 조건에서, 두 기업이 서로의 전략을 고려하고 최선의 선택을 했을 때, 두 기업이 선택한 가격이 내시균형이 됩니다. 이 때, 두 기업은 각자의 선택에서 더 나은 결과를 얻을 수 없게 되어 있습니다.

내시균형은 경제 상황에서 다양한 의사결정자들 간의 상호작용을 모델링하는 데에 유용한 개념으로 활용되고 있습니다.

노동시장의 균형

노동시장의 균형은 고용자와 노동자 간의 공급과 수요가 일치하는 지점을 나타냅니다. 이 균형은 경제 상황에 따라 변할 수 있으며, 주로 임금 수준과 고용 수준에 영향을 미칩니다. 노동시장의 균형은 노동 수요와 공급의 변화에 따라 끊임없이 변화하고 있습니다. 예를 들어, 경제가 성장하면 기업들이 더 많은 노동력을 필요로 하기 때문에 노동 수요가 증가합니다. 반면, 인구가 감소하면 노동 공급이 감소합니다. 이처럼 노동 수요와 공급이 변하면 노동시장의 균형이 변화하고, 그에 따라 임금도 변하게 됩니다.

노동시장의 균형은 경제의 중요한 요소입니다. 노동시장의 균형이 이루어지면, 노동시장에서 일하는 사람과 일자리를 구하는 사람 모두 만족할 만한 임금을 받을 수 있습니다. 또한, 노동시장의 균형이 이루어지면, 경제가 안정적으로 성장할 수 있습니다.

경제기사를 읽는데 용어를 모른다고

이렇게 임금과 고용 수준이 조절되면서 고용주와 노동자 간에 균형이 형성됩니다. 이것이 노동시장에서의 균형이라 할 수 있습니다. 그러나 이는 단순한 예시일 뿐이며, 실제로는 여러 요인이 노동시장을 영향을 주기 때문에 균형이 불안정하게 유지될 수 있습니다.

대체효과
Substitution Effect

대체효과는 소비자가 물건이나 서비스의 가격이 변할 때, 다른 대안으로 전환하여 소비하는 효과를 말합니다. 이는 소비자가 더 저렴한 대안을 찾거나, 높은 가격의 물품에 대한 소비를 줄이는 현상을 나타냅니다.

우리나라에서 스마트폰 가격이 상승한다고 가정해 봅시다.

스마트폰 가격이 오르면 일부 소비자는 비용을 절감하기 위해 다른 대안을 찾을 것입니다. 이 대안은 주로 가격이 낮은 피처폰(기능폰)이 될 수 있습니다.

예를 들어, 가격이 상승한 스마트폰에 대한 대체 효과로 일부 소비자들은 더 저렴한 가격의 피처폰을 선택할 수 있습니다. 피처폰은 주로 통화와 문자 메시지 전송 등의 기본적인 기능만을 제공하지만, 저렴한 가격 때문에 선택지로 고려됩니다.

스마트폰 가격이 오르면 스마트폰의 대체효과로 피처폰의 수요가 상승

경제기사를 읽는데 용어를 모른다고

할 것입니다. 이로 인해 피처폰 제조업체나 판매업체는 성장할 수 있습니다. 또한, 스마트폰의 수요가 감소하면서 해당 산업에서는 가격 경쟁이나 혁신을 통한 경쟁이 더욱 강화될 수 있습니다.

대체 효과는 소비자의 선택이 가격 변동에 민감하게 반응한다는 것을 나타냅니다. 경제학적으로는 이 현상이 소비자의 이타성향을 반영하고 있습니다. 이러한 이해를 통해 기업과 정책 결정자들은 가격 변동이 시장 구조와 소비자 행동에 어떤 영향을 미칠지를 더 잘 파악할 수 있습니다.

ㄷ

독점
monopoly

독점은 한 기업이 특정 상품이나 서비스의 공급을 독점하는 것을 말합니다. 이는 경쟁이 없거나 매우 제한적인 상태를 나타내며, 해당 기업은 시장에서 가격 및 공급량을 통제할 권한을 가지게 됩니다.

독점은 다음과 같은 방법으로 발생할 수 있습니다.
- 자연 독점 : 특정 상품이나 서비스의 생산에 높은 비용이 들어가는 경우, 한 기업만이 이 상품이나 서비스를 생산할 수 있습니다. 예를 들어, 전기, 수도, 가스 등은 자연 독점의 예입니다.
- 정부 독점 : 정부가 특정 상품이나 서비스의 생산을 한 기업에 독점적으로 허용하는 경우, 정부 독점이 발생합니다. 예를 들어, 우리나라에서는 한국전력이 전기 생산을 독점하고 있습니다.
- 과점 : 여러 기업이 특정 상품이나 서비스의 생산을 독점하는 경

　　　　　　　　　경제기사를 읽는데 용어를 모른다고

우, 과점이 발생합니다. 예를 들어, 국내 이동통신 시장은 SK텔레콤, KT, LG유플러스 등 3개 기업이 독점하고 있습니다.

독점은 소비자에게 다음과 같은 피해를 줄 수 있습니다.

- 가격 상승 : 독점 기업은 가격을 마음대로 올릴 수 있기 때문에 소비자는 비싼 가격을 지불해야 합니다.
- 품질 저하 : 독점 기업은 소비자의 선택권이 없기 때문에 품질을 낮추더라도 소비자가 다른 기업으로 갈 수 없기 때문에 품질을 낮출 수 있습니다.
- 혁신 저하 : 독점 기업은 혁신을 하지 않아도 소비자가 다른 기업으로 갈 수 없기 때문에 혁신을 하지 않을 수 있습니다.

정부는 독점을 규제하고 공정한 경쟁을 유지하기 위해 여러 정책을 시행하며, 경제의 건전성을 유지하는 데 기여합니다.

디지털 경제
Digital Economy

디지털 경제는 디지털 기술의 발전과 인터넷의 보급으로 인해 정보와 데이터가 중요한 경제 자원이 되는 현상을 가리키는 용어입니다. 디지털 경제는 전통적인 산업 구조와 비즈니스 모델을 변화시키고, 새로운 비즈니스 기회와 혁신을 창출합니다.

대표적인 사례로는 온라인 쇼핑, 스트리밍 서비스, 온라인 결제, 온라인 광고, 온라인 게임, 온라인 교육 등이 있습니다. 이러한 산업들은 모두 디지털 기술을 기반으로 하며, 디지털 기술의 발전으로 인해 빠르게 성장하고 있습니다.

다양한 분야에 영향을 미치고 있습니다. 예를 들어, 디지털 기술은 제조업의 생산성을 높이고, 금융 서비스의 효율성을 높이며, 의료 서비스의 접근성을 높이고 있습니다. 또한, 디지털 기술은 새로운 비즈니스 기회를 창출하고, 새로운 일자리를 만들어내고 있습니다.

경제기사를 읽는데 용어를 모른다고

전 세계적으로 큰 영향을 미치고 있습니다. 예를 들어, 2020년 전 세계 디지털 경제 규모는 약 3조 4,000억 달러였으며, 이는 전 세계 GDP의 약 15%를 차지했습니다. 또한, 디지털 경제는 전 세계 경제 성장의 주요 동력으로 작용하고 있습니다.

우리 삶의 많은 부분에 영향을 미치고 있습니다. 예를 들어, 우리는 디지털 기술을 사용하여 쇼핑, 결제, 의사소통, 교육 등을 하고 있습니다. 디지털 기술은 우리의 삶을 편리하게 만들어주고, 새로운 기회를 제공하고 있습니다.

지속적으로 성장하고 있습니다. 앞으로 디지털 기술이 더욱 발전하고, 디지털 경제가 더욱 확장될 것으로 예상됩니다. 디지털 경제는 우리의 삶을 더욱 편리하게 만들어줄 뿐만 아니라, 새로운 기회를 제공하고, 사회를 더욱 발전시킬 것입니다.

다음은 디지털 경제의 사례입니다.

- 온라인 쇼핑 : 온라인 쇼핑은 전 세계적으로 급속히 성장하고 있습니다. 2020년 전 세계 온라인 쇼핑 시장 규모는 약 4조 7,000억 달러였으며, 이는 전 세계 소매 시장의 약 20%를 차지했습니다. 온라인 쇼핑은 소비자에게 편리함과 다양한 상품을 제공하고, 기업에게는 새로운 시장을 개척할 수 있는 기회를 제공합니다.
- 온라인 결제 : 온라인 결제는 온라인 쇼핑의 성장에 따라 빠르게 성장하고 있습니다. 2020년 전 세계 온라인 결제 시장 규모는 약 5조 1,000억 달러였으며, 이는 전 세계 결제 시장의 약 25%를 차지했습

니다. 온라인 결제는 소비자에게 편리함과 안전성을 제공하고, 기업에게는 새로운 시장을 개척할 수 있는 기회를 제공합니다.

- 온라인 광고 : 온라인 광고는 전 세계적으로 급속히 성장하고 있습니다. 2020년 전 세계 온라인 광고 시장 규모는 약 4,300억 달러였으며, 이는 전 세계 광고 시장의 약 40%를 차지했습니다. 온라인 광고는 기업에게 새로운 시장을 개척할 수 있는 기회를 제공합니다.

- 온라인 게임 : 온라인 게임은 전 세계적으로 급속히 성장하고 있습니다. 2020년 전 세계 온라인 게임 시장 규모는 약 1,500억 달러였으며, 이는 전 세계 게임 시장의 약 40%를 차지했습니다. 온라인 게임은 소비자에게 즐거움과 다양한 게임을 제공하고, 기업에게는 새로운 시장을 개척할 수 있는 기회를 제공합니다.

- 온라인 교육 : 온라인 교육은 전 세계적으로 급속히 성장하고 있습니다. 2020년 전 세계 온라인 교육 시장 규모는 약 3,000억 달러였으며, 이는 전 세계 교육 시장의 약 10%를 차지했습니다. 온라인 교육은 소비자에게 편리함과 다양한 교육을 제공하고, 기업에게는 새로운 시장을 개척할 수 있는 기회를 제공합니다.

- 스트리밍 서비스 : 또 다른 사례로는 음악이나 동영상을 스트리밍하는 서비스를 들 수 있습니다. 예전에는 음반을 사거나 영화를 대여하는 방식이 일반적이었습니다. 그러나 디지털 경제에서는 음악 스트리밍 서비스나 동영상 플랫폼을 통해 언제든지 필요한 콘텐츠를 온라인으로 손쉽게 이용할 수 있습니다. 이는 예전과는 다르게 소비자들이 콘텐츠에 더 쉽게 접근할 수 있도록 하였습니다.

경제기사를 읽는데 용어를 모른다고

디지털 경제는 전 세계적으로 큰 영향을 미치고 있습니다. 디지털 기술의 발전으로 인해 정보와 데이터가 중요한 경제 자원이 되고, 다양한 산업에 새로운 기회가 창출되고 있습니다. 디지털 경제는 우리의 삶의 많은 부분에 영향을 미치고 있으며, 앞으로 더욱 성장할 것으로 예상됩니다.

래퍼곡선
Laffer curve

래퍼곡선은 조세율과 조세수입의 관계를 나타내는 곡선입니다. 래퍼곡선은 조세율이 낮을 때는 조세수입이 증가하지만, 조세율이 너무 낮으면 조세수입이 감소한다는 것을 보여줍니다.

1974년 미국의 경제학자 아서 래퍼Arthur Laffer가 워싱턴시의 어느 레스토랑에서 지인 몇 사람과 식사를 하면서 냅킨에 그린 것으로 전해지고 있습니다. 래퍼는 래퍼곡선을 통해 조세율이 너무 높으면 기업과 개인이 세금을 회피하거나 탈세를 하게 되고, 결국 조세수입이 감소한다는 것을 설명했습니다.

- 세율과 세입의 관계 : 래퍼곡선은 세율이 0%일 때와 100%일 때 세입이 없다는 가장 극단적인 두 상황에서부터 시작합니다.
- 세율이 낮을 때 : 세율이 0%일 때, 정부는 어떠한 세금 수입도 얻을 수 없습니다. 왜냐하면 세율이 낮아 모든 소득에 대해 세금을 부과

경제기사를 읽는데 용어를 모른다고

하지 않기 때문입니다.

- 세율이 높을 때 : 세율이 100%일 때, 사람들은 노력할 가치가 없다고 판단하게 되어 노력을 기울이지 않게 됩니다. 결과적으로 세입은 다시 줄어들게 됩니다.
- 극대화 지점 : 세율을 증가시킬수록 세입은 증가하지만 어느 순간 지나치게 높아지면 노력 부진으로 인해 세입이 감소하게 됩니다. 래퍼곡선에서 이 극대화 지점을 찾는 것이 중요합니다.

래퍼곡선은 정부의 세정 정책을 결정하는 데 도움을 줍니다. 적절한 세율을 찾아 근로에 대한 동기부여를 유지하면서도 세금 수입을 극대화하는 것이 중요합니다.

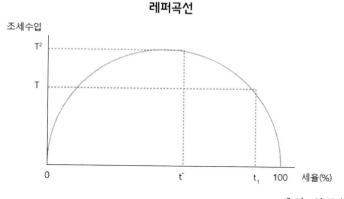

레퍼곡선

<출처 : 한국은행>

로렌츠곡선
Lorenz Curve

로렌츠곡선은 소득의 불평등 정도를 나타내는 곡선입니다. 로렌츠곡선은 1905년 미국의 경제학자 M.로렌츠가 발표했습니다. 로렌츠곡선은 소득을 100등분한 후, 각 등분에 해당하는 소득의 비율을 그래프로 나타낸 것입니다.

로렌츠곡선은 다음과 같은 특징을 가지고 있습니다.

- 로렌츠곡선은 0에서 1 사이의 값을 가집니다.
- 로렌츠곡선이 0에 가까울수록 소득의 불평등이 적다는 것을 의미합니다.
- 로렌츠곡선이 1에 가까울수록 소득의 불평등이 크다는 것을 의미합니다.

경제기사를 읽는데 용어를 모른다고

우리나라의 로렌츠곡선을 그린다면, 상위 소득 계층이 상대적으로 더 많은 소득을 가지고 있을 것입니다. 곡선이 대각선에서 벗어날수록 불평등이 증가하는 것을 확인할 수 있습니다.

로렌츠곡선 아래의 면적이 전체 면적 중 상위 소득 계층이 차지하는 비율을 나타냅니다. 이 면적이 클수록 불평등이 높은 것을 의미합니다.

로렌츠곡선은 정부 정책이나 경제적 변화가 어떻게 소득 불평등에 영향을 미치는지를 이해하는 데 중요한 도구입니다.

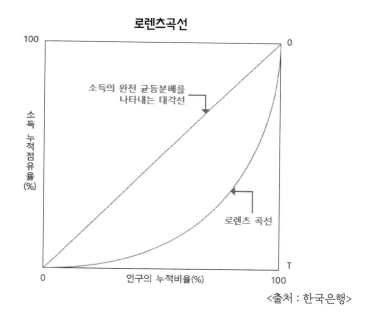

로렌츠곡선

<출처 : 한국은행>

리디노미네이션
redenomination

리디노미네이션은 통화의 가치를 낮추기 위해 기존 통화 단위의 액면가치를 조정하는 과정을 말합니다. 일반적으로 이는 소수점을 이동시켜 액면가치를 낮추는 방식으로 이루어지며, 기존 통화의 실질적인 가치는 변경되지 않습니다.

우리나라에서는 1953년의 제1차 통화조치에 따라 100원이 1환으로, 1962년의 제2차 통화조치에 따라 10환이 1원으로 변경된 사례가 있습니다.

리디노미네이션은 다음과 같은 이유로 발생할 수 있습니다.

- 화폐의 가치가 너무 낮아져서 화폐의 단위를 변경해야 할 때
- 화폐의 단위가 너무 복잡해서 화폐의 단위를 변경해야 할 때
- 화폐의 단위가 너무 커서 화폐의 단위를 변경해야 할 때

경제기사를 읽는데 용어를 모른다고

리디노미네이션은 다음과 같은 효과를 가져올 수 있습니다.

- 화폐의 가치가 안정화될 수 있습니다.
- 화폐의 단위가 간단해져서 사용하기 편리해질 수 있습니다.
- 화폐의 단위가 작아져서 물건을 살 때 더 많은 화폐를 사용할 수 있습니다.

리디노미네이션은 통화의 가치를 안정화시키고, 거래의 효율성을 향상시킬 수 있지만, 이는 단기적인 해결책이며, 경제 구조, 정책 등의 더 근본적인 문제에 대한 처리가 필요합니다. 또한, 통화 리디노미네이션은 기존의 계약, 금융 시스템, 가계부 등에도 영향을 미치므로 신중한 계획과 실행이 필요합니다.

이렇게 리디노미네이션은 통화의 가치를 유지하거나 안정화시키기 위한 정책 수단 중 하나로 활용될 수 있습니다.

경제용어 ㅁ ~ ㅎ

ㅁ

물가
price

물가는 여러 가지 상품과 서비스의 가치를 종합적이고 평균적으로 나타내는 수치로, 소비자에게 어떤 물건이나 서비스를 구입하는 데 필요한 돈의 양을 의미합니다.

물가안정화

물가 안정화Price Stability는 경제에서 상품과 서비스의 평균 가격이 일정한 수준으로 유지되는 상태를 말합니다. 안정된 물가는 소비자와 기업에 예측 가능성을 제공하고, 경제의 지속적인 성장과 안정을 지원합니다.

물가 안정화의 중요성

물가가 안정되면 소비자들은 미래의 물가 상승에 대한 불확실성을 낮출 수 있습니다. 이로 인해 소비자들은 구매에 더 많은 자신감을 가지고 소비 활동을 활발히 할 가능성이 높아집니다.

기업들은 안정된 물가 상태에서 미래에 대한 경제적 예측을 더 정확하게 수립할 수 있습니다. 안정된 물가는 투자 결정에 있어서 예측 가능성을 높여주어 기업 투자를 촉진할 수 있습니다.

안정된 물가는 금융 시장의 안정성에 기여합니다. 금융 시장에서 물가 상승 또는 하락에 대한 불확실성이 줄어들면 금융 기관들은 보다 안전하게 운영될 수 있습니다.

물가 안정화를 위한 정책과 사례

한국은행은 통화 정책을 통해 물가를 안정화시키기 위해 노력합니다. 이를 통해 중앙은행은 기준 금리를 조절하여 경제의 인플레이션 압력을 완화하거나 경기를 부양할 수 있습니다.

정부는 재정 정책을 활용하여 경제를 안정화하고 물가 안정을 유지할 수 있습니다. 적절한 예산 편성과 세제 정책은 물가에 영향을 미칠 수 있습니다.

다른 나라들은 물가 안정화를 위해 다양한 정책을 시행하고 있습니다.

- 미국은 연방준비제도Fed를 통해 통화 정책을 운용하고 있습니다. Fed는 물가가 안정적으로 유지될 수 있도록 통화 공급을 적절히 조절하고 있습니다.
- 유럽연합EU은 유럽중앙은행ECB을 통해 통화 정책을 운용하고 있습니다. ECB는 물가가 안정적으로 유지될 수 있도록 통화 공급을 적절

히 조절하고 있습니다.

- 일본은 일본은행$_{BOJ}$을 통해 통화 정책을 운용하고 있습니다. BOJ는 물가가 안정적으로 유지될 수 있도록 통화 공급을 적절히 조절하고 있습니다.

물가상승률

물가상승률은 특정 기간 동안 상품과 서비스의 가격이 얼마나 상승했는지를 나타내는 지표입니다. 이는 소비자들이 일상 소비에 얼마나 영향을 받는지를 이해하는 데 도움이 되며, 한국의 경제 상황에서는 다양한 요소들이 물가상승률에 영향을 미치고 있습니다.

물가상승률의 계산 방법

$$\frac{\text{금년(월) 물가지수} - \text{전년(월) 물가지수}}{\text{전년(월) 물가지수}} \times 100$$

예를 들어, 만약 한 해 동안 교통비, 식료품, 주택 등의 가격이 전년 대비 상승했다면, 그 상승 정도가 물가상승률로 표현됩니다.

우리나라에서 석유 가격이 상승하여 교통비 및 에너지 관련 상품의 가격이 상승했다고 가정해봅시다.

- 석유 가격 상승 : 국제적인 이유로 석유 가격이 상승하면, 교통비 및 에너지 관련 상품의 가격도 영향을 받게 됩니다.
- 소비자 지출 증가 : 교통비와 에너지 관련 제품의 가격 상승은 소비

자들에게 직접적인 영향을 미칩니다. 일상적인 이동이나 생활에 필요한 에너지 관련 지출이 증가할 수 있습니다.

- 생산자 입장 : 생산자들은 에너지를 사용하는 생산 비용이 증가하면서 이를 제품 가격으로 전가할 수 있습니다. 이로 인해 상품의 판매 가격이 상승하게 됩니다.

물가상승률이 높으면 소비자의 구매력이 떨어지고, 기업의 수익이 감소할 수 있습니다. 물가상승률이 낮으면 소비자의 구매력이 증가하고, 기업의 수익이 증가할 수 있습니다. 한국은행은 물가 안정을 위해 통화 정책을 운용하고 있습니다. 한국은행은 물가가 안정적으로 유지될 수 있도록 통화 공급을 적절히 조절하고 있습니다.

인플레이션

인플레이션inflation은 화폐가치가 하락하여 문가가 전반적·지속적으로 상승하는 경제현상을 말합니다. 이는 돈의 가치가 하락하여 소비자가 물건과 서비스를 더 많은 돈으로 구입해야 하는 상황을 의미합니다. 통상 연 4~5% 정도의 물가상승률이 관측되면 일반적으로 인플레이션이 발생했다고 판단합니다.

인플레이션은 다음과 같은 요인에 의해 발생할 수 있습니다.

- 수요와 공급의 불균형 : 수요가 공급을 초과하면 물가가 상승할 수 있습니다. 예를 들어, 경기가 호황일 때 소비자들의 수요가 급증하

경제기사를 읽는데 용어를 모른다고

면 제품과 서비스의 가격이 올라갈 수 있습니다.

- 생산비용의 상승 : 생산에 필요한 비용이 증가하면 기업들은 제품 가격을 올리게 됩니다. 에너지 가격 상승이나 재료비의 상승 등이 여기에 해당합니다.
- 통화량 증가 : 통화량이 급격하게 증가하면 돈의 가치가 하락하여 물가 상승을 초래할 수 있습니다. 이는 정부가 통화를 증가시키는 경우나 금융 시스템의 문제로 인해 발생할 수 있습니다.

인플레이션의 영향과 대응

물가 상승으로 소비자들의 구매력이 감소하면, 더 많은 돈이 필요한 일상생활에서 어려움을 겪을 수 있습니다.

중앙은행은 통화 정책을 통해 인플레이션을 조절하려고 노력합니다. 기준 금리 조절 등을 통해 통화량을 조절하여 물가 상승을 억제하거나 활성화할 수 있습니다.

정부는 세제 정책이나 예산 편성 등을 통해 경제의 안정성을 유지하려고 노력합니다. 특히 에너지 가격 등에 대한 정책이 인플레이션에 미치는 영향이 큽니다.

인플레이션은 경제에 부정적인 영향을 미칠 수 있으므로, 정부와 중앙은행은 이를 안정화하기 위한 정책을 신중히 계획하고 시행합니다.

디플레이션

디플레이션Deflation은 물가가 지속적으로 하락하는 경제 현상을 의미합니다. 디플레이션은 경제에 부정적인 영향을 미칠 수 있습니다. 왜냐하면 디플레이션이 발생하면 소비자들은 물가가 더 떨어질 것을 예상하고 소비를 줄이기 때문입니다. 또한, 기업들은 생산을 줄이고 투자를 줄이기 때문에 경제에 악영향을 미칩니다.

디플레이션은 다음과 같은 원인으로 발생할 수 있습니다.
- 경기 침체 : 경기 침체가 발생하면 기업들이 생산을 줄이고 투자를 줄이기 때문에 물가가 하락할 수 있습니다.
- 통화 정책 : 정부가 통화 공급을 줄이면 물가가 하락할 수 있습니다.
- 수요 감소 : 수요가 감소하면 공급이 줄어들고 물가가 하락할 수 있습니다.

우리나라서는 1998년에 디플레이션이 발생한 적이 있습니다. 당시 우리나라는 외환위기로 인해 경기가 침체되었고, 정부가 통화 공급을 줄인 결과 물가가 하락했습니다. 디플레이션으로 인해 소비자들은 소비를 줄이고 기업들은 생산을 줄였고, 결국 경제가 위축되었습니다.

디플레이션은 기본적으로 소비를 감소시키고 부채의 실질 가치를 증가시키는 경향이 있어서, 경제에 부정적인 영향을 미칠 수 있습니다.

디플레이션은 경제에 부정적인 영향을 미칠 수 있지만, 디플레이션이

경제기사를 읽는데 용어를 모른다고

항상 나쁜 것은 아닙니다. 디플레이션이 발생하면 부채가 줄어들고, 실질 임금이 상승할 수 있습니다. 따라서 디플레이션이 발생할 때는 그 원인을 파악하고 적절한 정책을 통해 경제에 미치는 영향을 최소화해야 합니다.

물가지수
price index

물가지수는 물가의 변동을 파악하기 위하여 작성되는 지수입니다. 이는 소비자물가지수CPI, 생산자물가지수PPI 등 다양한 형태로 나타날 수 있으며, 주로 소비자들이 일상적으로 구매하는 상품과 서비스의 가격 움직임을 추적하고 경제의 물가 상황을 파악하는 데 사용됩니다.

물가지수는 경제성장, 국제수지 등과 함께 한 나라 거시경제의 움직임을 나타내는 중요한 경제지표입니다. 물가지수를 이용하면 일정기간 동안의 생계비 또는 화폐가치의 변화를 측정할 수 있고 명목금액으로부터 실질금액을 산출할 수 있습니다.

물가지수의 계산 방법

$$물가지수 = \frac{비교시점의\ 물가}{기준시점의\ 물가} \times 100$$

물가지수의 역할과 중요성

- 소비자 구매력 파악 : 물가지수는 소비자들이 현재의 돈으로 얼마나 많은 상품과 서비스를 구매할 수 있는지를 파악하는 데 도움을 줍니다.
- 통화정책 지원 : 중앙은행은 물가지수를 통해 경제의 인플레이션 상태를 파악하고 통화정책을 조절할 수 있습니다.
- 금융계획 및 정책 수립 : 정부와 기업들은 물가지수를 통해 물가의 움직임을 예측하고 금융계획 및 정책 수립에 활용합니다.

물가지수의 한계와 주의사항

- 소비패턴 변동 : 물가지수는 일반적인 소비패턴을 기반으로 하기 때문에 개별 소비자의 실제 경험이나 선호도와 다를 수 있습니다.
- 서비스 부문 포함 한계 : 물가지수는 주로 상품에 중점을 두고 있어, 서비스 부문의 물가 움직임을 완전히 반영하지 못할 수 있습니다.
- 가격 변동의 시차 : 물가지수는 특정 기간 동안의 가격을 평균화하기 때문에 실제 가격 변동이 생기는 시기와 다를 수 있습니다.

우리나라에서는 소비자물가지수$_{CPI}$를 통해 소비자의 일상 소비에 영향을 주는 다양한 상품과 서비스의 가격 변동을 측정하고 있습니다. 이를 통해 정부와 중앙은행은 경제 상황을 모니터링하고 정책을 수립하는 데 활용하고 있습니다.

소비자물가지수

소비자물가지수consumer price index, CPI는 일정 기간 동안 소비자가 구입하는 상품과 서비스의 가격 변동을 나타내는 지표입니다. 이것은 소비자들이 일상 소비에 얼마나 많은 돈을 지출해야 하는지, 물가가 얼마나 상승했는지 등을 이해하는 데 사용됩니다. 우리나라의 소비자물가지수는 통계청에서 작성하고 있으며 기준년을 100으로 하여 작성됩니다.

우리나라에서 주택비, 식료품, 교통비 등이 상승하여 소비자물가지수가 상승한다고 가정해봅시다.

- 주택비 상승 : 주택 시장에서의 가격 상승은 소비자들의 주거 비용 증가를 의미합니다. 이로 인해 소비자물가지수가 올라갈 수 있습니다.
- 식료품 가격 상승 : 식료품 가격이 상승하면 소비자들은 같은 양의 식료품을 구매하기 위해 더 많은 돈을 지불해야 합니다.
- 교통비 상승 : 교통비가 상승하면 일상 이동 비용이 증가하므로 소비자물가지수에 영향을 미칠 수 있습니다.

소비자물가지수

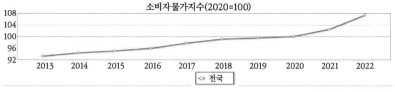

소비자물가지수(2020=100)

<출처 : KOSIS>

우리나라에서는 통계청이 주도하는 소비자물가지수를 통해 소비자들

경제기사를 읽는데 용어를 모른다고

의 일상 소비에 영향을 주는 다양한 상품과 서비스의 가격 변동을 측정하고 있습니다.

생산자물가지수

생산자물가지수Producer Price Index, PPI는 생산자들이 생산하는 상품과 서비스의 평균 가격 변동을 측정하는 지표입니다. 주로 공장, 광산, 농장 등에서 생산되는 상품의 가격 움직임을 추적하며, 소비자물가지수CPI와 함께 사용하여 물가 상황을 파악하는 데 활용됩니다. 1910년부터 한국은행에서 작성해 오고 있습니다.

우리나라에서 석유, 철강 등의 원자재 가격이 상승하여 생산자물가지수가 올라간다고 가정해봅시다.

- 석유 가격 상승 : 국제적인 요인으로 석유 가격이 상승하면, 석유를 사용하는 다양한 산업 부문에서 원가가 증가합니다.
- 철강 가격 상승 : 건설, 자동차, 제조업 등에 필요한 철강 가격 상승은 해당 산업의 원가 증가로 이어질 수 있습니다.
- 생산자 입장 : 석유와 철강 등의 가격 상승은 생산자들이 원재료를 구매하는 데 더 많은 비용을 지불하게 만듭니다. 이로 인해 제품의 생산 원가가 상승할 수 있습니다.

한국은행은 생산자물가지수가 안정적으로 유지될 수 있도록 통화 공급을 적절히 조절하고 있습니다.

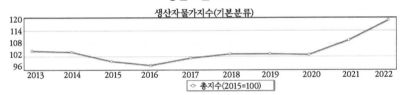

생산자물가지수

생산자물가지수(기본분류)

<출처 : KOSIS>

GDP디플레이터

GDP디플레이터는 명목 GDP를 실질 GDP로 나누어 사후적으로 계산하는 값입니다. 즉 물가 변화를 반영한 명목 GDP를 물가 변화를 배제한 명목 GDP로 나눠 물가 변화만을 측정하고자 한 것입니다. GDP를 추계할 때는 생산자물가지수$_{PPI}$나 소비자물가지수$_{CPI}$뿐만 아니라 수출입물가지수, 임금 등 각종 가격지수가 종합적으로 활용됩니다. 즉

$$\text{GDP디플레이터} = \frac{\text{명목 GDP}}{\text{실질 GDP}} \times 100$$

GDP디플레이터

109.8 (2015=100) '22

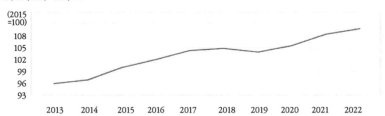

<출처 : KOSIS>

경제기사를 읽는데 용어를 모른다고

소비, 투자 수입 부문별로 명목 GDP를 동일 부문의 실질 GDP로 나누면 개별 부문에서의 물가지수(소비디플레이터, 투자디플레이터 등)를 얻을 수 있습니다.

GDP 디플레이터가 높으면 물가가 상승했다는 것을 의미하고, GDP 디플레이터가 낮으면 물가가 하락했다는 것을 의미합니다. 한국은행은 물가 안정을 위해 통화 정책을 운용하고 있습니다.

매몰비용
Sunk Cost

매몰비용은 이미 지출해서 회수할 수 없는 비용을 말한다. 미래에 어떤 결정을 내리든 변하지 않는 비용을 나타냅니다. 다시 말해, 이미 투자한 돈이나 자원으로 인해 더 이상 반환되지 않을 비용을 의미합니다.

가령, A라는 기업이 새로운 제품을 개발하는데 1억 원을 투자했다고 가정합시다. 그러나 제품을 완성하기 직전에 시장 조사 결과 예상 수익이 낮아질 것으로 예상됩니다. 이때 이미 투자한 1억 원은 매몰비용입니다.

부동산 시장에서도 매몰비용의 개념을 적용할 수 있습니다. 예를 들어, 주택을 구매했다고 가정해보겠습니다. 그런데 시장조건 변화 등으로 인해 주변 지역 가격이 하락한다면, 이미 구입한 주택에 대한 투자는 손실일 가능성이 큽니다. 하지만 이전에 지출된 금액(매몰비용) 때문에 주식을 보유하고 있는 것처럼 손실회피 목적으로 보유하기도 합니다.

경제기사를 읽는데 용어를 모른다고

매몰비용은 경제적인 의사 결정에서 중요한 역할을 합니다. 왜냐하면 이 비용은 미래에 대한 결정에 영향을 미치지 않기 때문입니다. 특히 기업이나 개인이 투자한 자금이나 시간이 이미 발생한 매몰비용이라면, 미래에 이득을 챙길 수 없다는 인식하에 합리적인 결정을 내릴 필요가 있습니다. 이를 통해 더 나은 경제적인 선택을 할 수 있게 됩니다.

마이크로경제학
Microeconomics

마이크로경제학은 경제학의 한 분야로, 개별적인 시장과 소비자, 생산자, 가격 등 작은 규모의 경제 단위를 연구하는 학문입니다. 이를 통해 개별적인 경제 주체들의 행동과 상호작용이 전체 경제에 어떤 영향을 미치는지 이해하려는 것입니다.

마이크로경제학은 작은 단위에서 경제적 행동을 분석하는 학문으로, 개별적인 시장에서 소비자와 기업이 어떻게 의사결정을 하는지에 중점을 둡니다.

우리나라의 경제 상황을 예시로 들어 마이크로경제학에 대해 설명해보겠습니다.

1. 수요와 공급 : 수요와 공급은 중요한 개념입니다. 예를 들어 우리나라에서 스마트폰 시장을 살펴보면, 소비자들의 수요에 따라 스마트폰 가격

경제기사를 읽는데 용어를 모른다고

과 수량이 결정됩니다. 만약 소비자들이 스마트폰에 대한 수요가 높다면, 기업들은 생산량을 늘리고 가격을 조정하여 이러한 수요를 충족시킬 것입니다.

2. 생산자와 소비자 의사결정 : 생산자와 소비자의 의사결정도 다룹니다. 예를 들어 우리나라에서 의류 시장을 살펴보면, 의류 제조업체는 소비자들의 선호도와 가격 변동성 등을 고려하여 제품 디자인 및 생산량 결정합니다. 반대로 소비자들은 자신의 선호도, 가격 및 수입 상황 등을 고려하여 구매 여부와 양을 결정합니다.

3. 시장 구조 : 다양한 시장 구조도 연구됩니다. 우리나라에서 모바일 앱 시장을 예시로 들면, 앱 개발사들 간의 경쟁과 사용자 요구 변화에 따라 시장 구조가 형성됩니다. 독점적인 구조일 경우 기업은 가격 결정력과 시장 지배력을 갖게 되며, 경쟁적인 구조일 경우 기업 간 경쟁으로 인해 가격 및 품질 차별화가 발생할 수 있습니다.

4. 외부성Externalities : 외부성은 마이크로경제학에서 중요한 개념 중 하나입니다. 외부성은 한 사람 또는 기업의 활동으로 인해 타인에게 발생하는 부작용(긍정적 또는 부정적)입니다. 예를 들어 대기오염 문제나 교육 효과 등 많은 사회 문제가 외부성으로 설명될 수 있습니다.

마이크로경제학은 우리 일상에서 마주치는 다양한 상황에서 어떻게 가격이 형성되고 자원이 할당되는지를 이해하는 데 도움을 줍니다. 이를 통해 소비자와 기업이 어떻게 의사결정을 내리는지를 파악하고, 정부 정책이 시장에 미치는 영향 등을 이해할 수 있게 됩니다.

무역수지
trade balance

무역수지는 한 국가의 수출과 수입 간의 차이를 나타내는 지표로, 얼마나 많은 재화와 서비스가 국가 간에 오가고 있는지를 보여줍니다. 무역수지는 한 국가가 세계와의 무역에서 얻은 수입과 지출 간의 차이를 나타냅니다. 특히, 수출은 국가가 다른 국가로 판매하는 재화와 서비스에서 얻은 수입을 나타내며, 수입은 다른 국가로부터 구매한 재화와 서비스에 대한 비용을 나타냅니다.

간단한 예로 설명해보겠습니다.

우리나라는 반도체를 세계적으로 수출하고 있습니다.
1. 수출 : 국내의 반도체 기업이 세계적으로 수요가 많은 반도체를 다른 국가로 수출합니다. 이로 인해 외국에서 화폐가 국내로 유입되어 무역수

경제기사를 읽는데 용어를 모른다고

지 흑자가 형성됩니다.

2. 수입 : 한편으로는 석유를 수입하는 등 국내에서 생산하지 않는 제품을 구매해야 합니다. 이때 국내에서 나가는 화폐로 무역수지적자가 발생할 수 있습니다.

3. 무역수지 결과 : 만약 반도체 수출이 수입 비용을 상회하면, 우리나라는 무역수지 흑자 상태에 있습니다. 그 반대라면 무역수지적자 상태에 있게 됩니다.

한국 무역수지
3.70B ▲2.82
시장영향력 매우 높음

<출처 : 2023. 10.17. KOR Customs Service>

무역수지는 국가의 경제 건강 상태를 측정하는 중요한 지표 중 하나입니다. 무역수지 흑자는 국가가 세계 시장에서 경제적 이익을 창출하고 있다는 것을 나타내며, 무역수지적자는 그 반대를 의미합니다. 이는 국가의 경제적인 강점과 약점을 파악하고, 무역 정책 및 경제 전략을 조절하는데 도움을 줍니다.

무역전쟁
trade war

무역전쟁은 국가 간에 상품과 서비스에 대한 관세를 부과하거나 무역 제한을 가하는 등의 경제적인 충돌이 발생하는 현상을 말합니다. 주로 상대국에 대한 관세 인상, 수출 규제, 무역 협상의 어려움 등으로 특징지어집니다.

2018년 미국과 중국의 무역전쟁은 대표적인 무역전쟁 사례입니다. 미국은 중국산 제품에 대한 관세를 부과했고, 중국은 미국산 제품에 대한 관세를 부과했습니다. 이로 인해 양국의 무역이 위축되고, 경제가 침체되었습니다.

우리나라는 미국과 중국의 무역전쟁으로 큰 피해를 입었습니다. 우리나라는 미국과 중국의 주요 무역 상대국이기 때문에, 무역전쟁으로 인해 수출이 감소하고 경제가 침체되었습니다.

우리나라는 미국과 중국의 무역전쟁을 피하기 위해 다양한 노력을 기울

경제기사를 읽는데 용어를 모른다고

였습니다. 미국과 중국에 대한 수출을 늘리고, 미국과 중국의 제품을 대체할 수 있는 제품을 개발했습니다. 또한, 우리나라는 미국과 중국의 무역전쟁으로 피해를 입은 기업을 지원했습니다.

이러한 노력에도 불구하고, 미국과 중국의 무역전쟁은 우리나라 경제에 큰 피해를 입혔습니다.

무역전쟁은 국가 간의 경제 관계를 악화시키고 국제 무역에 부정적인 영향을 미칠 수 있습니다. 이는 특히 수출이 큰 역할을 하는 우리나라에게 중요한 영향을 미칠 수 있습니다. 무역전쟁은 경제 성장을 둔화시키고, 글로벌 시장에서의 경쟁력을 약화시킬 우려가 있어 정부와 기업은 신중한 대응이 필요합니다.

모멘텀
Momentum

모멘텀은 자산이나 시장의 움직임이 일정 기간 동안 일정한 방향으로 계속되는 경향을 나타내는 용어입니다. 주식 시장에서 특히 많이 사용되며, 최근의 가격 동향이 미래에도 이어질 것으로 예상되는 경향을 의미합니다.

우리나라의 기업 A가 최근에 주가가 꾸준히 상승하고 있는 상황을 가정해봅시다.

A기업의 주가가 최근에 계속해서 상승하는 경향이 있다면, 이는 모멘텀이 있는 것으로 판단됩니다.

이러한 모멘텀이 투자자에게 긍정적으로 인식되면, 더 많은 투자자가 해당 기업의 주식을 매수하려고 할 것입니다.

경제기사를 읽는데 용어를 모른다고

투자자들이 매수를 계속하면, 주가 상승의 압력이 계속 발생하여 모멘텀이 이어질 수 있습니다.

모멘텀은 투자자들이 시장 동향을 파악하고 투자 결정을 내릴 때 중요한 지표 중 하나입니다. 주가나 자산의 모멘텀을 분석함으로써, 미래에 해당 동향이 계속될지 예측하고 투자 전략을 세울 수 있습니다. 그러나 모멘텀에는 변동성이 있으므로, 투자 결정을 내릴 때에는 다양한 정보를 종합적으로 고려하는 것이 필요합니다.

비용
Cost

비용은 어떤 결정이나 활동을 할 때에 소요되는 자원의 양을 나타냅니다. 이 자원은 주로 시간, 노력, 돈, 노동력, 재화 등이 될 수 있습니다. 경제학에서 비용은 기회 비용과 명시적 비용으로 나눌 수 있습니다.

기회비용

기회비용은 특정한 선택을 했을 때 포기한 다른 대안의 가치를 나타냅니다. 예를 들어, 주말을 친구와 함께 보내는 대신 공부를 하는 것을 선택했다면, 그 공부에 소요된 시간 동안 친구와 놀지 못한 즉, 놓친 기회의 가치가 기회 비용입니다.

명시적비용

명시적비용은 돈으로 계산되는 비용으로, 직접 지출되는 비용을 의미합니다. 예를 들어, 학교에 등록하려면 등록비를 내야 하는데, 이 등록비

경제기사를 읽는데 용어를 모른다고

가 명시적 비용입니다.

경제 상황에서는 기업이나 개인이 생산하거나 소비하는 데에는 다양한 비용이 발생합니다. 생산 과정에서는 생산 요소들에 대한 비용이 발생하며, 소비자는 소비를 통해 만족을 얻기 위해 비용을 지불합니다. 예를 들어, 기업이 제품을 만들 때에는 원자재, 노동력, 기술 등을 사용하고, 소비자는 제품을 구매하기 위해 돈을 지불하게 됩니다.

기회비용

기회비용opportunity cost은 어떤 선택을 하면서 포기하는 대안 중에서 가장 가치 있는 것을 나타냅니다. 간단히 말하면, A를 선택하면 B를 포기하게 되는데, 이때 B의 가치가 기회비용입니다. 이 개념은 한정된 자원을 가진 상황에서 선택을 할 때 발생하며, 모든 선택은 어떤 기회를 포기하게 만듭니다.

우리나라의 경제 상황에서 기회비용은 다음과 같은 의미를 가집니다.

- 기업이 제품을 생산할 때 다른 제품을 생산할 수 있었던 기회를 포기한 비용
- 정부가 공공 서비스를 제공할 때 다른 공공 서비스를 제공할 수 있었던 기회를 포기한 비용
- 개인이 소비를 할 때 다른 소비를 할 수 있었던 기회를 포기한 비용

기업은 제품을 생산할 때 다른 제품을 생산할 수 있었던 기회를 고려하

여 가격을 책정합니다. 정부는 공공 서비스를 제공할 때 다른 공공 서비스를 제공할 수 있었던 기회를 고려하여 세금을 부과합니다. 개인은 소비를 할 때 다른 소비를 할 수 있었던 기회를 고려하여 소비를 결정합니다.

기회비용을 고려하지 않고 의사결정을 하면 경제 주체는 손실을 볼 수 있습니다. 기업은 제품을 생산할 때 다른 제품을 생산할 수 있었던 기회를 고려하지 않고 가격을 책정하면, 소비자가 다른 제품을 구매할 가능성이 높아집니다. 정부는 공공 서비스를 제공할 때 다른 공공 서비스를 제공할 수 있었던 기회를 고려하지 않고 세금을 부과하면, 국민이 다른 공공 서비스를 이용할 가능성이 높아집니다. 개인은 소비를 할 때 다른 소비를 할 수 있었던 기회를 고려하지 않고 소비를 하면, 다른 소비를 할 수 있는 기회를 놓칠 가능성이 높아집니다.

명시적비용

명시적 비용explicit cost은 기업이 생산활동 과정에서 다른 사람의 생산요소를 사용하는 대가로 지불하는 비용을 말한다. 명시적 비용에는 재료비, 노동비, 임대료, 광고비 등이 포함됩니다.

우리나라의 경제 상황에서 명시적 비용은 다음과 같은 의미를 가집니다.

- 기업이 제품을 생산할 때 직접적으로 지출하는 비용
  (생산에 필요한 원자재 구매, 노동력 비용, 기계 및 시설 임대료, 광고 비용 등이 명시적비용에 해당합니다.)

- 정부가 공공 서비스를 제공할 때 직접적으로 지출하는 비용

  (교육, 의료, 국방 등 다양한 분야에서 예산이 할당되고 이 예산이 명시적으로 사용되는 것이 명시적비용입니다.)

- 개인이 일상생활에서 지출하는 비용

  (식료품, 의류, 주거비, 교육비 등 다양한 명시적비용이 발생합니다.)

- 프로젝트나 사업의 명시적비용

  (새로운 제품을 개발하는 프로젝트에서는 연구 비용, 개발 비용, 마케팅 비용 등이 명시적비용으로 계산되고 기록됩니다.)

명시적비용은 경제 주체들이 정확한 금액을 계산하여 자원을 효과적으로 사용하고 의사결정을 내리는 데 도움을 줍니다.

비용곡선
Cost Curve

비용곡선은 기업이 생산을 얼마나 많이 하는지에 따라 발생하는 비용을 나타내는 경제학의 중요한 개념입니다. 주로 세 가지 주요 비용곡선이 있습니다. 평균 총 비용$_{ATC}$ 곡선, 한계 비용$_{MC}$ 곡선, 평균 변동 비용$_{AVC}$ 곡선.

1. 평균 총 비용 곡선
  - ATC 곡선은 생산한 제품 하나당 평균적으로 소요되는 비용을 나타냅니다.
  - 수학적으로는 총 비용$_{TC}$을 생산량$_Q$으로 나눈 것으로 계산됩니다.

$$ATC = TC/Q$$

  - 보통 U자 형태를 띄며, 초기에는 생산량이 증가함에 따라 단위당 평균 비용이 감소하다가, 어느 정도 이상에서는 한계 수익 감소로 인해 다시 상승하는 현상이 나타납니다.

경제기사를 읽는데 용어를 모른다고

2. 한계 비용 곡선

- MC 곡선은 하나의 제품을 더 생산함으로써 발생하는 추가 비용을 나타냅니다.
- 수학적으로는 총 비용의 생산량에 대한 변화로 계산됩니다.

$$MC = \Delta TC / \Delta Q$$

- MC 곡선이 ATC 곡선과 만날 때, ATC 곡선이 가장 낮은 지점에 위치하게 되는데, 이는 MC가 ATC보다 낮을 때 ATC가 감소하게 되는 원리를 반영합니다.

3. 평균 변동 비용 곡선

- AVC 곡선은 생산된 제품 하나당 발생하는 변동 비용을 나타냅니다.
- 변동 비용은 생산 수준에 따라 변하는 비용으로, 주로 원자재와 노동비 등이 포함됩니다.
- 수학적으로는 총 변동 비용$_{TVC}$을 생산량$_Q$으로 나눈 것으로 계산됩니다.

$$AVC = TVC / Q$$

비용곡선은 기업이 생산을 분석하고 최적화하는 데 중요한 도구입니다. 이러한 곡선을 이해하면 기업은 효율적으로 생산을 관리하고 비용을 효과적으로 관리하여 수익을 극대화할 수 있습니다.

ㅂ

브렉시트
Brexit

브렉시트는 영국을 뜻하는 Britain과 탈퇴를 뜻하는 Exit의 합성어로서, 2016년에 영국이 유럽연합EU로부터의 탈퇴를 결정하면서 시작된 과정입니다. 이 결정은 2016년 6월 23일에 열린 국민투표에서 다수의 표를 얻어 당시 영국 총리였던 데이비드 캐머런이 발의한 것이었습니다.

브렉시트는 국제 무역에도 영향을 미치는데, 우리나라의 경우 브렉시트로 인해 영국과 EU 간의 무역 협정이 변경되면서 우리나라의 수출입에 영향을 줄 수 있습니다. 가령, 영국이 EU와 별도의 무역 협정을 맺으면, 우리나라 기업은 영국과 EU 간의 수출입 규제 및 관세에 대응해야 할 것입니다.

브렉시트는 국제 환율에도 영향을 미칩니다. 영국이 EU를 떠나면서 영국 파운드GBP의 가치가 변동할 수 있습니다. 이러한 환율 변동은 우리나라의 수출 기업에게 영향을 미치게 됩니다. 가령, GBP 가치 하락은 우리나

경제기사를 읽는데 용어를 모른다고

라 수출 기업에게 영국으로의 수출 비용 증가와 경쟁력 감소로 이어질 수 있습니다.

브렉시트로 인해 영국과 EU 간의 금융시장에서 변동이 예상되는데, 이는 우리나라의 금융 시장에도 영향을 미칠 수 있습니다.

금융 투자 등에서는 브렉시트로 인한 불확실성에 대응하고, 새로운 투자 기회를 찾는 등의 전략이 필요할 것입니다.

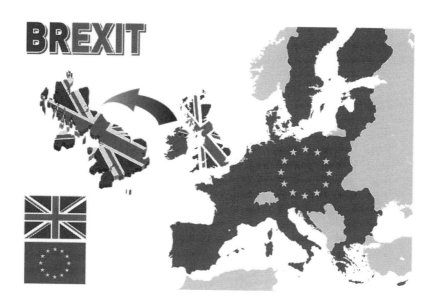

ㅂ

블록체인
Blockchain

블록체인은 중앙 집중식 관리 없이 분산된 네트워크에서 거래 기록을 공유하는 기술입니다. 블록체인은 비트코인과 같은 암호화폐에서 사용되며, 거래 기록을 저장하고 검증하는 데 사용됩니다.

블록체인은 다음과 같은 특징을 가지고 있습니다.

- 분산성 : 블록체인은 중앙 집중식 관리 없이 분산된 네트워크에서 거래 기록을 공유합니다. 가장 간단한 예시로 블록체인의 작동 원리를 이해해봅시다. A가 B에게 어떤 자산을 전송한다고 가정해봅시다. 이 거래는 새로운 블록에 포함되어 전체 네트워크에 분산된 원장에 기록됩니다.
- 투명성 : 모든 거래 기록은 블록체인에 공개되어 누구나 확인할 수 있습니다. 이는 중앙 기관 없이도 모두가 동일한 데이터를 가지고 있

어 거래의 투명성과 안전성을 높입니다.

- 보안성 : 블록체인은 해킹이나 조작이 매우 어렵습니다.
- 신뢰성 : 블록체인은 거래 기록을 신뢰할 수 있습니다.

블록체인 기술이 다양한 분야에서 활용되는 사례는 어떤 것들이 있나요?

- 암호화폐 : 암호화폐는 블록체인 기술을 기반으로 만들어진 디지털 화폐입니다. 중앙은행이나 정부의 통제를 받지 않고, 블록체인 기술을 통해 거래 기록이 저장되고 검증되기 때문에, 위조나 변조가 불가능합니다.
- 공급망 관리 : 공급망 관리에서 제품의 출처와 이동 경로를 추적하는 데 사용될 수 있습니다. 블록체인 기술을 사용하면 제품의 생산부터 유통까지 모든 단계에서 제품의 이동 경로를 추적하고, 제품의 위조나 변조를 방지할 수 있습니다.
- 투표 : 투표에서 투표자의 신원을 확인하고 투표 결과를 안전하게 저장하는 데 사용될 수 있습니다. 블록체인 기술을 사용하면 투표자의 신원을 안전하게 확인하고, 투표 결과를 해킹이나 조작으로부터 보호할 수 있습니다.
- 부동산 : 부동산 거래에서 소유권 증명을 안전하게 저장하는 데 사용될 수 있습니다. 블록체인 기술을 사용하면 부동산 거래에서 소유권 증명을 안전하게 저장하고, 부동산 거래의 위조나 변조를 방지할 수 있습니다.
- 의료 : 의료 분야에서 환자의 의료 기록을 안전하게 저장하고 검증

하는 데 사용될 수 있습니다. 블록체인 기술을 사용하면 환자의 의료 기록을 안전하게 저장하고, 의료 기록의 위조나 변조를 방지할 수 있습니다.

- 기타 : 다양한 분야에서 활용될 수 있습니다. 예를 들어, 블록체인 기술은 스마트 계약, 전자 지갑, 탈중앙화 금융$_{DeFi}$, NFT(대체 불가능한 토큰) 등을 개발하는 데 사용될 수 있습니다.

경제기사를 읽는데 용어를 모른다고

불황
Recession

불황은 경제 활동이 위축되어 경기가 침체되는 것을 말합니다. 물가와 임금이 내리고 실업이 늘어납니다. 일반적으로 2개 이상의 분기 동안 연속해서 국내총생산이 감소할 때 불황이라고 합니다.

불황은 다음과 같은 영향을 미칠 수 있습니다.

- 기업의 생산량이 감소하고, 실업률이 증가합니다.
- 가계의 소득이 줄어들고, 소비가 감소합니다.
- 정부의 세수가 줄어들고, 재정지출이 감소합니다.
- 투자가 감소하고, 경제 성장이 둔화됩니다.

불황은 다양한 원인으로 발생할 수 있습니다. 예를 들어, 경기 침체는 전쟁, 자연재해, 정치적 불안정, 기술 변화, 신흥 시장의 붕괴 등과 같은 외부 요인으로 발생할 수 있습니다. 또한, 정부의 정책 실패, 기업의 부실 경영, 금융 위기 등과 같은 내부 요인으로 발생할 수 있습니다.

시장
market

시장은 상품이나 서비스의 거래가 이루어지는 곳을 말합니다. 시장은 경제의 중요한 구성 요소로, 상품이나 서비스의 가격이 결정되고, 생산자와 소비자가 만나는 곳입니다.

우리나라의 경제에서 시장은 다음과 같은 역할을 합니다.
- 상품이나 서비스의 가격을 결정합니다.
- 생산자와 소비자를 연결합니다.
- 경제의 성장을 촉진합니다.

시장은 다양한 형태로 존재할 수 있습니다. 예를 들어, 물리적인 시장은 상품이나 서비스를 직접 구매할 수 있는 곳입니다. 온라인 시장은 인터넷을 통해 상품이나 서비스를 구매할 수 있는 곳입니다. 금융 시장은 주식,

경제기사를 읽는데 용어를 모른다고

채권, 외환 등을 거래하는 곳입니다.

시장은 경제의 중요한 구성 요소이지만, 시장이 제대로 작동하지 않으면 경제에 부정적인 영향을 미칠 수 있습니다. 예를 들어, 시장이 독점화되면 가격이 상승하고 소비자의 선택권이 줄어듭니다. 시장이 불완전하면 정보의 부족으로 인해 소비자가 피해를 볼 수 있습니다.

우리나라의 경제는 시장경제입니다. 우리나라의 시장은 비교적 자유롭게 작동하지만, 정부는 시장의 독점과 불완전성을 방지하기 위해 다양한 정책을 시행하고 있습니다.

시장원리

시장원리market principle는 수요와 공급의 상호작용을 통해 가격이 형성되고 자원이 효율적으로 할당되는 경제적 메커니즘을 의미합니다.

시장원리는 다음과 같습니다.
- 수요와 공급이 가격을 결정합니다.

- 가격은 공급과 수요의 상호작용에 의해 결정됩니다.
- 가격은 공급과 수요의 변화에 따라 변합니다.

　시장원리는 경제의 모든 부문에서 작동합니다. 예를 들어, 상품 시장에서는 수요와 공급이 가격을 결정합니다. 소비자의 수요가 많으면 가격이 올라가고, 공급이 많으면 가격이 내려갑니다. 노동 시장에서는 수요와 공급이 임금을 결정합니다. 기업의 수요가 많으면 임금이 올라가고, 노동자의 공급이 많으면 임금이 내려갑니다.

　시장원리는 경제의 효율성을 높입니다. 시장원리에 따라 시장은 수요와 공급의 변화에 따라 가격을 자동으로 조정합니다. 이렇게 하면 기업은 적정한 가격에 상품을 판매하고, 소비자는 적정한 가격에 상품을 구매할 수 있습니다.

　시장원리는 때로는 시장이 완전하지 않을 때 정부 개입이 필요하다고 합니다. 예를 들어, 우리나라에서는 환경 보호를 위해 정부가 기업들에게 환경 규제를 부여하여 시장이 자율적으로 해결하기 어려운 문제에 대응하고 있습니다.

시장 실패

　시장 실패Market Failure는 시장기구에서 그 기능을 제대로 발휘하지 못하여 자원배분이 효율적으로 배분되지 못하거나 곤란한 상태를 말한다. 이는 외부성, 정보의 불완전, 규모의 경제 등의 이유로 발생할 수 있습니다.

　경제기사를 읽는데 용어를 모른다고

시장 실패는 다음과 같은 이유로 발생할 수 있습니다.

- 정보의 비대칭성 : 소비자와 생산자 사이에 정보의 불균형이 존재하면 시장이 효율적으로 작동하지 못합니다. 예를 들어, 소비자는 상품의 품질에 대해 잘 모르기 때문에 비싼 가격을 지불할 수 있습니다.

- 외부성 : 시장의 거래가 다른 사람들에게 영향을 미칠 때 외부성이 발생합니다. 예를 들어, 공장은 공해를 발생시켜 주변 지역의 주민들에게 피해를 줄 수 있습니다.

- 공공재 : 공공재는 한 사람이 소비해도 다른 사람의 소비에 영향을 미치지 않는 재화입니다. 예를 들어, 국방은 한 사람이 소비해도 다른 사람의 소비에 영향을 미치지 않습니다.

- 독점 : 독점은 시장에서 한 회사가 독점적 지위를 가지고 있을 때 발생합니다. 독점은 가격을 인상하고 소비자의 선택권을 제한할 수 있습니다.

시장 실패가 발생하면 정부가 개입하여 시장을 조정해야 합니다. 정부는 다음과 같은 방법으로 시장 실패를 해결할 수 있습니다.

- 정보의 비대칭성을 해결하기 위해 정부는 소비자에게 정보를 제공하거나 생산자에게 규제를 적용할 수 있습니다.

- 외부성을 해결하기 위해 정부는 세금을 부과하거나 보조금을 지급할 수 있습니다.

- 공공재를 공급하기 위해 정부는 직접 공공재를 생산하거나 민간 기

업에 공공재를 생산하도록 할 수 있습니다.

- 독점을 해결하기 위해 정부는 독점 기업을 규제하거나 민영화할 수 있습니다.

시장경제

시장경제market economy는 경제의 주요 결정이 시장에서 이루어지는 경제 체제입니다. 시장경제에서는 정부가 경제에 직접 개입하지 않고, 시장의 힘에 맡깁니다.

시장경제는 다음과 같은 특징을 가지고 있습니다.
- 경제의 주요 결정은 시장에서 이루어집니다.
- 정부는 시장의 힘에 맡깁니다.
- 기업은 이윤을 추구합니다.
- 소비자는 자신의 이익을 위해 구매를 결정합니다.

시장경제는 경제의 성장을 촉진할 수 있습니다. 기업은 이윤을 추구하기 때문에 새로운 상품과 서비스를 개발하고, 생산성을 향상시키는 데 투자합니다. 소비자는 자신의 이익을 위해 구매를 결정하기 때문에 기업은 소비자의 요구에 맞는 상품과 서비스를 제공해야 합니다.

그러나 시장경제에는 다음과 같은 문제도 있습니다.
- 시장 실패 : 시장은 항상 효율적으로 작동하지 않습니다. 예를 들어, 시장 실패로 인해 독점이나 공공재가 발생할 수 있습니다.

경제기사를 읽는데 용어를 모른다고

- 불평등 : 시장경제는 불평등을 초래할 수 있습니다. 예를 들어, 기업은 이윤을 추구하기 때문에 노동자들에게 낮은 임금을 지불할 수 있습니다.
- 환경 문제 : 시장경제는 환경 문제를 초래할 수 있습니다. 예를 들어, 기업은 이윤을 추구하기 때문에 환경을 보호하는 데 투자하지 않을 수 있습니다.

우리나라의 경제는 시장경제입니다. 우리나라의 정부는 시장의 힘에 맡기지만, 시장 실패를 방지하기 위해 다양한 정책을 시행하고 있습니다. 예를 들어, 정부는 독점 기업을 규제하고, 공공재를 제공하고, 환경 보호를 위한 정책을 시행하고 있습니다.

수요
Demand

수요는 소비자가 특정 상품이나 서비스에 대해 지불할 의사와 능력을 말합니다. 수요는 가격, 소득, 선호도, 기대치 등의 요인에 의해 결정됩니다. 가격과 수요량의 관계를 수요의 법칙이라고 부릅니다.

- 가격 : 수요는 가격에 반비례합니다. 즉, 가격이 상승하면 수요가 감소하고, 가격이 하락하면 수요가 증가합니다.
- 소득 : 소득이 증가하면 수요가 증가하고, 소득이 감소하면 수요가 감소합니다.
- 선호도 : 소비자의 선호도가 증가하면 수요가 증가하고, 선호도가 감소하면 수요가 감소합니다.
- 기대치 : 소비자의 기대치가 증가하면 수요가 증가하고, 기대치가 감소하면 수요가 감소합니다.

경제기사를 읽는데 용어를 모른다고

우리나라의 경제에서 수요는 다음과 같은 영향을 미칩니다.

- 상품과 서비스의 가격 : 수요가 증가하면 가격이 상승하고, 수요가 감소하면 가격이 하락합니다.
- 기업의 생산량 : 수요가 증가하면 기업은 생산량을 늘리고, 수요가 감소하면 기업은 생산량을 줄입니다.
- 경제 성장 : 수요가 증가하면 경제 성장이 촉진되고, 수요가 감소하면 경제 성장이 둔화됩니다.

수요는 경제의 중요한 요소입니다. 수요가 증가하면 경제가 성장하고, 수요가 감소하면 경제가 위축됩니다. 따라서 정부는 수요를 조절하여 경제를 안정적으로 운영할 수 있습니다.

예를 들어, 정부는 세금을 인상하거나 인건비를 지원하여 수요를 줄일 수 있습니다. 또한, 정부는 공공지출을 늘리거나 경기부양책을 시행하여 수요를 늘릴 수 있습니다.

경제학자들은 수요를 수요표demand table 혹은 수요곡선demand curve 그래프를 이용하여 나타냅니다.

수요곡선

수요 곡선Demand Curve은 특정 상품이나 서비스에 대한 가격과 수요 간의 관계를 나타내는 그래프로, 가격이 변할 때 소비자들이 원하는 양이 어떻게 변화하는지를 보여줍니다.

수요 곡선은 다음과 같은 특징을 가지고 있습니다.

- 수요는 가격에 반비례합니다. 즉, 가격이 상승하면 수요가 감소하고, 가격이 하락하면 수요가 증가합니다.
- 수요 곡선은 우하향합니다. 이는 가격이 상승하면 수요가 감소하고, 가격이 하락하면 수요가 증가한다는 것을 의미합니다.
- 수요 곡선은 다른 요인에 의해 이동할 수 있습니다. 예를 들어, 소득이 증가하면 수요 곡선이 오른쪽으로 이동하고, 소득이 감소하면 수요 곡선이 왼쪽으로 이동합니다.

우리나라의 경제에서 수요 곡선은 다음과 같은 영향을 미칩니다.

- 상품과 서비스의 가격 : 수요 곡선이 오른쪽으로 이동하면 가격이 상승하고, 수요 곡선이 왼쪽으로 이동하면 가격이 하락합니다.
- 기업의 생산량 : 수요 곡선이 오른쪽으로 이동하면 기업은 생산량을 늘리고, 수요 곡선이 왼쪽으로 이동하면 기업은 생산량을 줄입니다.
- 경제 성장 : 수요 곡선이 오른쪽으로 이동하면 경제 성장이 촉진되고, 수요 곡선이 왼쪽으로 이동하면 경제 성장이 둔화됩니다.

수요 곡선은 경제의 중요한 요소입니다. 수요 곡선이 이동하면 상품과 서비스의 가격, 기업의 생산량, 경제 성장에 영향을 미칩니다. 따라서 정부는 수요 곡선을 조절하여 경제를 안정적으로 운영할 수 있습니다.

예를 들어, 정부는 세금을 인상하거나 인건비를 지원하여 수요 곡선을 왼쪽으로 이동시킬 수 있습니다. 또한, 정부는 공공지출을 늘리거나 경기

부양책을 시행하여 수요 곡선을 오른쪽으로 이동시킬 수 있습니다.

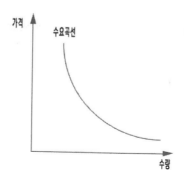

수요탄력성

수요탄력성Elasticity of demand은 특정 상품이나 서비스의 가격 변화에 따른 수요 변화의 정도를 나타내는 지표입니다. 이것이 얼마나 민감하게 반응하는지에 따라 제품의 수요를 판단할 수 있습니다.

수요 탄력성은 다음과 같이 계산합니다.

수요 탄력성 = 수요량의 변화율 / 가격의 변화율

수요 탄력성은 다음과 같이 분류할 수 있습니다.
- 완벽한 탄력성 : 수요량이 가격에 따라 무한히 변화하는 경우
- 탄력적 수요 : 수요량이 가격에 따라 크게 변화하는 경우
- 비탄력적 수요 : 수요량이 가격에 따라 거의 변화하지 않는 경우
- 완벽한 비탄력성 : 수요량이 가격에 따라 전혀 변화하지 않는 경우

수요 탄력성은 다음과 같은 요인에 영향을 받습니다.

- 대체재의 존재 : 대체재가 많을수록 수요 탄력성이 높아집니다.
- 시간 : 시간이 지날수록 수요 탄력성이 높아집니다.
- 소비자의 소득 : 소비자의 소득이 높을수록 수요 탄력성이 높아집니다.

우리나라의 경제에서 수요 탄력성은 다음과 같은 영향을 미칩니다.

- 가격 : 수요 탄력성이 높을수록 가격이 낮아집니다.
- 기업의 이익 : 수요 탄력성이 높을수록 기업의 이익이 줄어듭니다.
- 정부의 세수 : 수요 탄력성이 높을수록 정부의 세수가 줄어듭니다.

수요 탄력성은 경제의 중요한 요소입니다. 수요 탄력성이 높을수록 가격이 낮아지고, 기업의 이익이 줄어들며, 정부의 세수가 줄어듭니다. 따라서 정부는 수요 탄력성을 고려하여 정책을 수립해야 합니다.

경제기사를 읽는데 용어를 모른다고

소득
Income

소득은 개인이나 가구가 일정 기간 동안 벌어들인 돈을 말합니다. 이는 주로 월급, 사업 수익, 투자 수익, 연금 등 다양한 형태로 발생할 수 있습니다.

대다수의 국민은 근로를 통해 소득을 얻습니다. 근로자들은 일자리에서 월급을 받으며, 이는 우리나라 경제의 중요한 부분입니다. 예를 들어, 제조업, 서비스 업, IT 분야 등에서 다양한 직종에서 근로자들이 일하고 있습니다.

자기 자신의 사업을 운영하거나 자영업을 통해 소득을 얻고 있습니다. 건물주, 프리랜서, 자영엽자, 창업자 등이 이에 해당합니다. 소상공인이나 중소기업은 한국 경제에 중요한 역할을 하고 있습니다.

우리나라에서는 주식, 채권, 부동산 투자 등을 통해 투자 소득을 얻는 경우가 많습니다. 주식시장에서의 투자 수익이나 부동산 가치 상승은 개인의 소득에 영향을 미칩니다.

노후에 대비하기 위해 연금이나 사회보험 혜택 등이 제공됩니다. 국민
연금, 퇴직연금, 사회보험 등은 근로자들에게 노후의 경제적 안정성을 제
공하는 중요한 수단입니다.

소득 효과

소득 효과Income Effect는 소비자의 소득이 증가하거나 감소할 때, 그로 인
해 소비 패턴이 어떻게 변하는지를 나타내는 경제학적 개념입니다.

소득 효과는 다음과 같이 설명할 수 있습니다.
- 소득이 증가하면 소비자는 더 많은 상품과 서비스를 구매할 수 있습
  니다.
- 소득이 감소하면 소비자는 더 적은 상품과 서비스를 구매할 수 있습
  니다.

소득 효과는 다음과 같은 요인에 영향을 받습니다.

경제기사를 읽는데 용어를 모른다고

- 소득의 변화 정도 : 소득이 많이 증가하면 소득 효과가 크고, 소득이 조금 증가하면 소득 효과가 작습니다.
- 소비자의 선호도 : 소비자가 특정 상품이나 서비스에 대한 선호도가 높으면 소득 효과가 크고, 소비자가 특정 상품이나 서비스에 대한 선호도가 낮으면 소득 효과가 작습니다.
- 소비자의 지불 능력 : 소비자의 지불 능력이 높으면 소득 효과가 크고, 소비자의 지불 능력이 낮으면 소득 효과가 작습니다.

소득 효과를 고려하여 정책을 수립하면 경제 성장을 촉진하고 물가를 안정시킬 수 있습니다.

소득분배

소득분배Income Distribution는 사회 내에서 소득이 개인이나 가구, 사회 계층 등 각 주체들에게 어떻게 분배되는지를 나타내는 개념입니다. 소득 분배는 경제의 공정성과 사회적 평등에 대한 중요한 지표 중 하나이며, 이는 국가의 경제 상황을 이해하고 평가하는 데 도움이 됩니다.

우리나라의 경제 상황에 맞게 소득분배에 대해 설명해보겠습니다.

1. 고용 형태와 임금 격차 : 고용 형태와 임금 격차는 소득분배에 큰 영향을 미칩니다. 일자리의 안정성, 노동 조건 및 근로 계약 유형 등은 개인 및 가구의 소득 수준을 결정합니다. 예를 들어, 정규직과 비정규직 간의 임금 격차가 크며, 일부 산업 분야에서 저임금 노동자들이 존재하는 것으

로 알려져 있습니다.

2. 교육 수준과 기술 수준 : 교육 수준과 기술 수준도 소득분배에 영향을 줍니다. 대학 학위나 전문 기술을 보유한 사람들이 일반적으로 고소득 직업에 종사하고 있습니다. 그러나 교육 수준이 낮은 집단들은 저임금 또는 비경력직으로 종사하며 소득 격차가 벌어지고 있습니다.

3. 산업 구조와 지역 간 차이 : 산업 구조와 지역 간 차이도 소득 분배에 영향을 줍니다. 서비스 업종에서 일하는 사람들은 제조업 등 다른 업종과 비교하여 상대적으로 낮은 임금을 받기도 합니다. 또한, 서울 및 주요 도시와 시골 지역 간의 소득 격차도 존재합니다.

4. 세제 정책과 복지 제도 : 정부의 세제 정책과 복지 제도 역시 소득분배를 조절하는 역할을 합니다. 세금 체계, 사회보장 프로그램 및 급여 정책 등은 저소득 계층 지원 및 부당한 소득격차 완화를 위해 시행되고 있습니다.

5. 경기 변동성과 실직률 : 경기 변동성과 실직률도 소득 분배에 영향을 줍니다. 경기 침체 시점에서는 실직률이 상승하며 저소득 계층의 수입 감소로 이어집니다.

우리나라 경제 상황에서 개인 및 가구들 사이의 소득분배는 고용 형태, 임금 격차, 교육 수준, 산업 구조, 지리적 요인 등 다양한 요소에 의해 결정됩니다.

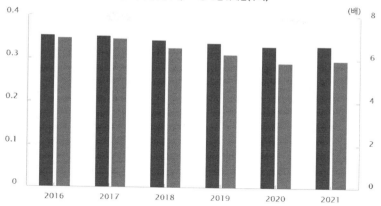

소득분배지표

● 지니계수(좌축)　　● 5분위배율(우축)

<출처 : ECOS>

승수효과
multiplier effect

승수효과는 특정한 경제 활동(예 : 정부의 추가 지출, 투자 증가 등)이 최종적으로 전체 경제에 미치는 영향이 초기 활동에서 발생한 직접적인 변화보다 크게 나타나는 현상을 말합니다. 이 개념은 주로 거시경제학에서 사용되며, 정부의 재정 정책 분석에 주로 활용됩니다.

우리나라에서 대규모 건설 프로젝트가 진행되면, 이는 고용 창출과 관련 기업의 수주 증가를 의미합니다. 초기에는 건설사의 고용이 늘어나고 자재를 구매하는 등의 경제 활동이 발생합니다. 이로 인해 고용된 근로자들이 추가 소비를 하게 되고, 자재를 생산하는 업체들도 생산량을 늘리게 됩니다. 이로 인해 초기 투자에 비해 더 큰 규모의 경제적 파급 효과가 발생하는 것이 승수효과입니다.

정부가 특정 부문에 지출을 증가시키면, 해당 부문에서 일자리가 늘어나고 수입이 증가합니다. 이로 인해 근로자들은 추가 소비를 하게 되고, 소비에 반응하는 기업들은 더 많은 생산을 진행하게 됩니다. 따라서 초기 지출에 비해 더 많은 경제 활동이 유발되는 것이 승수효과입니다.

우리나라가 특정 제품의 수출을 증가시키면, 수출에 종사하는 기업들은 더 많은 제품을 생산하고 수출하기 위해 노동력을 늘릴 수 있습니다. 이로 인해 고용이 증가하고, 고용된 근로자들은 소비를 늘리게 됩니다. 따라서 수출의 증가가 전체 경제에 미치는 영향이 승수효과로 나타납니다.

한국은행의 금융 정책 조정 역시 승수효과를 가져올 수 있습니다. 예를 들어, 한국은행이 금리를 낮추거나 신용 조건을 완화한다면 개인 및 기업들은 저렴한 대출에 접근할 가능성이 커집니다. 이러한 대출 승수 효과는 개인 및 기업들 사이에서 추가 소비와 투자 확대로 이어지며, 경기 회복 및 성장 동력 제고에 도움을 줄 수 있습니다.

승수 효과는 초기 경제 활동(정부 지출, 소비 등)으로 인해 발생하는 추가적인 파급 효과로서 전체 경제에 긍정적인 영향을 줍니다.

신용
Credit

신용은 미래에 지불할 의무가 있는 돈 또는 물품을 대출 또는 분할 지불 방식으로 이용하는 것을 나타냅니다. 즉, 신용은 신뢰에 기반한 금융 거래를 가능하게 하는 개념입니다.

신용경색

신용경색Credit Crunch은 금융기관이 돈을 제대로 공급하지 않아 기업들이 어려움을 겪는 현상을 말합니다. 경제 활동을 위축시키고, 실업률을 증가시키며, 경제 성장을 저해합니다.

예를 들어, 신용경색이 발생할 때 은행들이 대출을 승인하거나 대출 조건을 완화하지 않고, 대출금리를 상품과 서비스를 구매하거나 투자하는 데 더 많은 자금을 필요로 하는 개인과 기업들에게 높은 금리로 대출을 제공하는 경우가 많습니다.

경제기사를 읽는데 용어를 모른다고

신용경색은 금융 시스템 내에서 대출이 어려워지고 대출금리가 상승하는 현상을 의미합니다.

신용등급

신용등급Credit Rating은 채무자의 신용도와 채무불이행 위험을 평가하는 등급을 말합니다. 신용등급은 채무자의 재무상태, 수익성, 부채 수준, 상환 능력, 경영 능력 등을 종합적으로 고려하여 결정됩니다.

한 가정이 대출을 신청할 때, 대출 기관은 대출 신청자의 신용등급을 확인합니다. 이 신용등급은 그들의 금융 거래 이력, 이전 대출 이행 여부, 신용카드 사용, 채무 불이행 여부 등을 고려하여 산정됩니다. 신용등급은 대출 승인 여부와 대출 이자율을 결정하는 데 큰 영향을 미칩니다.

신용위험

신용위험Credit Risk은 채무자가 채무를 상환하지 못할 가능성을 말합니다. 채무자의 재무상태, 수익성, 부채 수준, 상환 능력, 경영 능력 등을 종합적으로 고려하여 평가합니다.

채권자는 신용위험이 높은 채무자에게 대출을 해주지 않거나, 높은 금리를 요구합니다. 채무자는 신용위험이 높으면 대출을 받기 어렵고, 대출을 받더라도 높은 금리를 지불해야 합니다.

외부효과
External Effect

외부효과는 경제 주체의 행위가 다른 경제 주체에게 미치는 영향을 말합니다. 외부효과는 양의 외부효과와 음의 외부효과로 구분됩니다.

1. 양의 외부효과Positive External Effect : 양의 외부효과는 경제적 활동이 주변 사회에 긍정적인 영향을 미치는 경우를 나타냅니다. 예를 들어, 개인이 예방적 의료 검사를 받으면 자신의 건강을 개선하고, 동시에 질병 확산을 막는 데 도움이 됩니다. 이로 인해 개인의 행동은 사회에 이익을 줄 수 있으며, 이러한 이익은 시장 가격에 반영되지 않을 수 있습니다.

2. 음의 외부효과Negative External Effect : 음의 외부효과는 경제적 활동이 주변 사회에 부정적인 영향을 미치는 경우를 나타냅니다. 예를 들어, 공장에서 대기 오염을 발생시키면 이는 주변 지역 주민에게 공기 오염과 건강 문제를 야기할 수 있습니다. 이러한 비용은 공장 소유자나 소비자만이 아닌

주변 사회에 부과되며, 이로 인해 시장에서는 공장의 환경 비용이 충분히 반영되지 않을 수 있습니다.

외부효과는 자유시장에서는 종종 시장 실패_{Market Failure}를 일으키는 원인으로 간주됩니다. 이를 해결하기 위해 정부는 종종 외부효과를 내재화_{Internalization}하려는 정책을 시행합니다. 내재화는 외부효과를 시장 가격에 반영하도록 하는 것을 의미하며, 세금, 규제 또는 보상제도를 통해 이루어질 수 있습니다.

외환보유액
Foreign Exchange Reserves

외환보유액은 한 국가가 보유하고 있는 외화의 양을 말합니다. 주로 미국 달러, 유로, 영국 파운드, 일본 엔 등 주요 통화로 보유되며, 금이나 IMF(국제통화기금) SDR(특별인출권) 등으로 보유되기도 합니다. 국가의 지급 불능 사태에 대비하고, 외환 시장이 교란되었을 때 환율을 안정시키기 위한 목적으로 보유합니다.

- 금융 안정 : 외환보유액은 국가가 금융 위기나 외환 시장 변동성에 대비하여 경제를 안정화하는 데 사용됩니다. 금융 위기 시에는 외화로 인한 외화부채 상환 또는 수출입 조절 등에 활용될 수 있습니다.
- 국제 거래 및 지불 수단 : 외환보유액은 국제 거래 시 결제 수단으로 사용됩니다. 국가 간 거래에서 외화로 결제를 해야 할 때, 외환보유액을 활용하여 국제 거래를 원활하게 진행할 수 있습니다.
- 투자 수단 : 외환보유액은 국가가 외국 투자 또는 자국 통화의 환율

을 안정화하는 데 활용될 수 있습니다.

　예를 들어, 가상 국가 A가 수출 업체들의 수익을 달러로 받고, 이를 자국 통화로 환산해야 한다고 가정해 봅시다. 국가 A는 자국 통화의 환율이 급격하게 하락하여 달러로 환산 시 더 많은 돈을 지불해야 할 수 있습니다. 이러한 상황에서 국가 A는 외환보유액을 사용하여 자국 통화의 가치를 지원하고 환율 하락을 막을 수 있습니다.

한국 외환보유고(마국달러)

▼ 4.18
시장영향력 매우높음

<출처 : 2023.10.06. The Bank of Korea>

지급준비제도
reserve requirement system

지급준비제도_{Reserve Requirement System}는 중앙은행이 상업은행에게 요구하는 규정으로, 상업은행이 고객의 예금 중 일정 비율을 현금으로 보유하도록 하는 제도입니다. 이런 준비금은 은행이 고객의 요구에 따라 언제든지 예금을 인출할 수 있게 하며, 은행 시스템의 안정성을 유지하는데 도움을 줍니다.

우리나라의 경우 법정 지급준비율은 7%입니다. 예를 들면 A은행이 1억원의 예금을 보유하고 있다고 가정해봅시다. 지급준비율이 7%라면, A은행은 1억원(7%의 7백만원)을 중앙은행에 보유해야 합니다. 나머지 9천3백만원은 A은행이 대출을 하거나 다른 금융 거래에 활용할 수 있습니다.

지급준비제도는 다음과 같은 몇 가지 목적을 가지고 있습니다.

- 통화 공급 조절 : 중앙은행은 지급준비율을 조절하여 은행 시스템

내의 통화 공급을 조절할 수 있습니다. 높은 지급준비율은 은행이 더 많은 예금을 중앙은행에 보유하도록 강제하며, 이는 돈의 공급을 줄일 수 있습니다. 낮은 지급준비율은 돈의 공급을 늘리며 경기 부양을 위한 조치로 사용될 수 있습니다.

• 금융 안정 : 지급준비제도는 은행 시스템 내의 안전장치로 작용합니다. 은행은 예금 중 일부를 중앙은행에 보유함으로써, 금융 위기나 은행 파산 시 예금자를 보호하는 데 도움을 줍니다.

• 통화 정책 실행 : 중앙은행은 지급준비제도를 통해 통화 정책을 실행하며, 이를 통해 인플레이션, 경제 성장, 금리 등을 조절할 수 있습니다.

자산효과
Assets Effect

자산효과는 경제 주체의 재산 가치가 증가하면 소비가 증가하는 효과를 말합니다.

우리나라 경제에서 자산 효과는 주로 부동산 가격 상승에 의해 발생합니다. 부동산 가격이 상승하면 집을 소유한 사람들은 더 많은 부자가 되고, 이로 인해 소비가 증가합니다. 또한, 부동산 가격 상승은 주택을 건설하는 기업의 투자를 증가시켜 경제 성장을 촉진할 수 있습니다.

자산효과는 국내 경제에 긍정적인 영향을 미칠 수 있지만, 부동산 가격 상승이 지나치게 빠르게 진행되면 부작용이 발생할 수 있습니다. 부동산 가격 상승으로 인해 가계의 부채가 증가하고, 이는 가계의 경제적 부담을 증가시킬 수 있습니다. 또한, 부동산 가격 상승으로 인해 주택을 구입하기 어려워져서 서민들의 주거 안정성이 위협받을 수 있습니다.

경제기사를 읽는데 용어를 모른다고

따라서 우리나라 경제에서 자산효과가 긍정적인 효과를 발휘하기 위해서는 부동산 가격 상승이 지나치게 빠르게 진행되지 않도록 하는 것이 중요합니다. 정부는 부동산 가격 상승을 억제하기 위해 다양한 정책을 시행하고 있습니다. 이러한 정책들은 부동산 가격 상승을 억제하는 데 어느 정도 효과가 있지만, 부동산 시장의 특성상 완전히 억제하기는 어렵습니다.

치킨게임
Chicken game

치킨게임은 게임 이론에서 사용되는 개념으로, 주로 상황에서 두 명 이상의 참여자가 대립하고 서로 양보하지 않을 때 어떤 결과가 나타날지를 설명하는데 사용됩니다. 두 사람이 서로 차를 몰고 직진하면서 상대방이 먼저 차를 꺾을지 두고 내기를 하는 게임입니다. 이 게임에서 두 사람은 모두 차를 꺾으면 서로 이기고, 둘 다 차를 꺾지 않으면 둘 다 패배합니다. 그러나 둘 중 한 사람이 차를 꺾지 않으면 다른 한 사람은 반드시 차를 꺾어야 하므로, 둘 중 한 사람이 반드시 패배하게 됩니다.

이것이 치킨게임의 핵심입니다. 양 쪽 모두 서로 양보하지 않고 선에 최대한 가까이 다가가려고 하지만, 만약 둘 다 그 경로를 선택하면 큰 충돌과 위험이 발생할 것입니다. 따라서 어느 한 쪽이 양보해야 안전한 경로를 택할 수 있습니다.

치킨게임은 경제학에서 두 기업이 서로 가격을 내리면서 내기를 하는

경제기사를 읽는데 용어를 모른다고

상황을 설명할 때 사용됩니다. 이 게임에서 두 기업은 모두 가격을 내리면 둘 다 이기고, 둘 다 가격을 올리면 둘 다 패배합니다. 그러나 둘 중 한 기업이 가격을 올리면 다른 한 기업은 반드시 가격을 내려야 하므로, 둘 중 한 기업은 반드시 패배하게 됩니다.

치킨게임에서 중요한 것은 두 플레이어 간의 상호작용이 서로에게 어떤 결과를 가져올지를 이해하는 것입니다. 이것은 전략과 협상의 중요성을 강조하며, 종종 최선의 결과를 얻기 위해 다른 플레이어에게 양보해야 할 수 있다는 현실을 보여줍니다.

크라우드펀딩
crowd funding

크라우드펀딩은 온라인 플랫폼을 통해 많은 사람으로부터 소액의 자금을 모으는 것을 말합니다. 크라우드펀딩은 창업자나 기업이 제품이나 서비스 개발, 사업 확장 등을 위해 자금을 모으는 데 사용됩니다. 국내에서는 2007년 대출형 크라우드펀딩 플랫폼을 시작으로 2011년 기부/후원형 크라우드펀딩 플랫폼이 출현하면서 본격적으로 주목을 받기 시작하였습니다. 크라우드펀딩은 소액 투자자들로부터 자금을 모으기 때문에 창업자나 기업은 큰 부담 없이 사업을 시작할 수 있습니다. 크라우드펀딩은 우리나라에서도 예술 작품, 기부 활동, 스타트업 기업, 사회적 기업, 신제품 출시, 도서 판매, 영화 제작, 음악 앨범 제작 등 다양한 분야에서 활발하게 활용되고 있습니다. 크라우드펀딩은 자금을 모금하려는 이들에게 더 많은 자금 조달 기회를 제공하고, 기업, 창작자, 또는 개인 프로젝트를 실현하는 데 도움을 줍니다.

경제기사를 읽는데 용어를 모른다고

통화정책
Monetary Policy

통화정책은 중앙은행이 금리, 통화량 등을 조절하여 경제를 안정시키고 성장시키는 정책입니다. 중앙은행은 통화정책을 통해 경기를 부양하거나 억제할 수 있습니다.

우리나라 경제를 둘러싼 여러 요인으로 불안정해졌습니다. 고용률이 낮고 소비가 부진하며 물가 상승률이 낮습니다. 이러한 경제 문제로 인해 정부와 한국은행은 통화정책을 사용하여 경제를 안정화하고 성장을 촉진하려고 합니다.

- 금리 조절 : 한국은행은 기준 금리를 조절하여 경제를 관리합니다. 낮은 기준 금리는 대출이 더 저렴하게 이루어지고 소비를 촉진할 수 있으며, 경제 성장을 격려할 수 있습니다. 높은 기준 금리는 대출을 억제하고 물가 상승률을 안정화시키는 데 도움을 줄 수 있습니다.

- 통화 공급 조절 : 중앙은행은 통화 공급을 조절하여 경제를 안정화

합니다. 이것은 돈을 인쇄하거나 시중 은행과의 거래를 통해 이루어질 수 있습니다. 경기가 불안할 때, 중앙은행은 통화 공급을 늘려 경기를 부양하려고 할 수 있습니다.

우리나라의 경우, 통화정책은 국내 경제의 안정성을 유지하고 경제 성장을 촉진하는 데 중요한 역할을 합니다. 예를 들어, 경제가 둔화할 때, 한국은행은 기준 금리를 낮추어 소비와 투자를 촉진하려 노력할 수 있습니다. 반면에 고 과열 경제에 직면할 때는 금리를 인상하여 물가 상승률을 안정화시키려고 할 수 있습니다.

경제기사를 읽는데 용어를 모른다고

투자자심리
Investor Sentiment

투자자심리는 투자자들이 주식 시장이나 특정 종목에 대해 가지고 있는 감정을 말합니다. 투자자심리는 투자자들의 주식 매매 행위를 결정하는 중요한 요소입니다.

우리나라의 주식 시장에서 주식 투자자들이 투자에 대한 심리적인 요인을 고려하고 있습니다. 최근에 경제 상황은 안정적이며 기업들의 이익은 상승하는 추세입니다. 그러나 글로벌 경제 불확실성이 증가하고 있고, 정치적인 불안 요인도 있습니다.

이때, 투자자심리는 중요한 역할을 합니다. 만약 많은 투자자가 긍정적으로 생각하고 주식 시장에 낙관적인 태도를 보인다면, 주식 시장은 상승할 가능성이 높습니다. 왜냐하면 투자자들이 주식 시장에 자금을 투입하려고 할 것이기 때문입니다.

그러나 반대로, 투자자들이 불확실성을 크게 우려하고 주식 시장에 대한 비관적인 태도를 보인다면, 주식 시장은 하락할 가능성이 높습니다. 투자자들이 자금을 인출하거나 주식을 팔려고 시도할 수 있기 때문입니다.

투자자심리는 종종 뉴스, 사회 및 경제 이벤트, 정치적 상황 등에 영향을 받을 수 있습니다. 이것은 주식 시장의 변동성을 설명하는 데 중요한 역할을 합니다. 따라서 투자자심리는 금융 시장의 동향을 예측하고 경제 상황을 평가하는 데 도움을 줄 수 있는 중요한 요소 중 하나입니다.

경제기사를 읽는데 용어를 모른다고

파레토최적
Pareto optimality

파레토최적은 한정된 자원이 가장 효율적으로 배분된 상태를 의미합니다. 파레토최적의 개념은 이탈리아의 경제학자 빌프레도 파레토Vilfredo Pareto가 고안한 것으로, 파레토는 소득 분배에 관한 연구에서 이 개념을 사용하였습니다. 파레토 최적 상태에서는 어느 한 경제 주체의 상황이 개선되지 않으면서 다른 경제 주체의 상황이 개선될 수 없습니다.

파레토 최적 상태는 경제학에서 이상적인 상태로 여겨집니다. 그러나 파레토 최적 상태를 달성하는 것은 쉽지 않습니다. 왜냐하면 파레토 최적 상태는 모든 경제 주체의 선호도를 고려해야 하기 때문입니다.

우리나라 경제에서 파레토 최적 상태를 달성하기 위해서는 모든 경제 주체의 선호도를 고려할 수 있는 체계적인 방법이 필요합니다. 또한, 경제 주체의 선호도를 고려하는 과정에서 공정성과 효율성을 동시에 고려해야 합니다.

프로그램매매
program trading

프로그램매매는 컴퓨터 프로그램에 의해 자동으로 이루어지는 주식 거래를 말합니다. 프로그램매매는 주로 주가 지수를 추종하는 펀드와 헤지펀드에서 사용됩니다.

프로그램매매는 주가 지수를 추종하는 펀드와 헤지펀드가 포트폴리오를 운용하는 데 사용됩니다. 주가 지수를 추종하는 펀드는 주가 지수의 움직임을 따라가는 포트폴리오를 운용하기 때문에, 주가 지수가 상승하면 펀드의 가치가 상승하고, 주가 지수가 하락하면 펀드의 가치가 하락합니다. 헤지펀드는 주가 지수의 움직임을 이용하여 투자 위험을 줄이기 위해 사용됩니다. 헤지펀드는 주가 지수가 상승하면 주식을 매도하고, 주가지수가 하락하면 주식을 매수하여 투자 위험을 줄입니다.

프로그램 매매는 투자자가 미리 설정한 규칙과 전략에 따라 주식을 자동으로 매매하는 것을 의미합니다. 예를 들어, 특정 주식이 특정 가격으

경제기사를 읽는데 용어를 모른다고

로 상승할 경우 주식을 자동으로 매수하고, 가격이 하락할 경우 자동으로 매도하는 프로그램을 작동시킬 수 있습니다. 이러한 프로그램은 투자자의 개입이나 감정을 배제하고, 빠르고 정확한 거래를 수행할 수 있도록 도와줍니다.

　우리나라 주식 시장에서도 많은 투자자와 기관 투자자에 의해 사용됩니다. 이것은 빠른 거래 결정과 대량 거래를 효율적으로 수행하기 위한 도구로 자주 사용됩니다. 그러나 프로그램 매매는 주식 시장의 안정성과 변동성에 영향을 미칠 수 있으며, 때로는 급격한 시장 하락이나 상승으로 이어질 수 있습니다.

한계비용
marginal cost

한계비용은 경제학 용어 중 중요한 개념으로, 추가적으로 생산 또는 생산량을 늘릴 때 발생하는 비용을 나타냅니다. 이 개념은 경제 활동과 생산 과정에서 중요한 역할을 합니다. 아래에 예시를 통해 한계비용을 설명해 보겠습니다.

국내의 한 아이스크림 공장이 아이스크림을 생산하고 있습니다. 이 공장은 이미 많은 양의 아이스크림을 만들고 시장에 판매하고 있습니다. 그러나 관리자들은 생산량을 더 늘리는 것이 좋을지 고민하고 있습니다. 이 때 한계비용 개념이 중요해집니다.

- 첫 번째 생산량 : 만약 아이스크림 공장이 하루에 100개의 아이스크림을 생산하는 데 필요한 비용이 100,000원이라고 가정합니다. 그리고 추가로 1개의 아이스크림을 더 생산하는 데 필요한 비용은 1,000원이라고 합시다. 이때, 첫 번째 아이스크림을 생산하는 데는

경제기사를 읽는데 용어를 모른다고

100,000원이 들고, 그 다음 아이스크림 1개를 추가로 생산하는 데는 1,000원의 비용이 듭니다.

- 한계비용 : 한계비용은 추가적으로 생산하는 데 필요한 비용을 의미합니다. 이 예시에서는 한계비용이 1개의 아이스크림을 만드는 데드는 1,000원입니다. 다시 말해, 한계비용은 한 단위의 생산량을 늘릴 때 발생하는 추가 비용을 나타냅니다.

이렇게 계산한 한계비용은 새로운 아이스크림을 추가로 생산할 때 필요한 비용을 의미합니다. 한계비용은 관리자들이 생산량을 늘릴지, 줄일지, 또는 현 상태를 유지할지를 결정하는 데 도움을 줍니다. 만약 한계비용이 판매 가격을 상회하면, 추가 생산은 손실을 야기할 수 있으므로 생산량을 줄이는 것이 더 현명할 수 있습니다. 한계비용이 판매 가격을 상회하지 않는다면, 더 많은 생산을 통해 이익을 늘리는 것이 가능합니다.

한계효용
marginal utility

한계효용은 한 단위의 소비량을 늘릴 때 얻는 추가적인 효용을 말합니다. 한계효용은 소비량이 증가함에 따라 감소하는 경향이 있습니다.

한계효용은 소비자가 제품을 소비할 때 얻는 효용을 측정하는 데 사용됩니다. 소비자는 한계효용에 따라 제품의 가격을 지불할 의사가 있습니다. 한계효용이 높은 제품은 소비자가 더 높은 가격을 지불할 의사가 있습니다. 반대로, 한계효용이 낮은 제품은 소비자가 더 낮은 가격을 지불할 의사가 있습니다.

국내의 소비자가 레스토랑에서 음식을 주문하고 있습니다. 이 소비자는 이미 음식을 많이 먹었고, 포만감을 느낍니다. 이때, 한계효용은 추가적으로 주문하는 음식이 어떻게 만족도를 변화시키는지를 설명합니다.

- 첫 번째 음식 : 처음에 음식을 먹을 때, 만족도는 높습니다. 이 때의 한계효용은 상당히 높습니다.

경제기사를 읽는데 용어를 모른다고

- 두 번째 음식 : 그 다음으로 추가로 음식을 주문하면 만족도는 여전히 높겠지만, 처음과는 조금 다를 것입니다. 한계효용은 처음보다는 낮겠지만 여전히 양호합니다.
- 세 번째 음식 : 그러나 세 번째 음식을 추가로 먹을 때, 만족도의 상승폭은 더 낮아질 것입니다. 한계효용은 이전보다 낮아집니다.
- 네 번째 음식 : 한계효용은 계속해서 감소하며, 네 번째, 다섯 번째, 여섯 번째 음식을 먹을수록 만족도 상승폭은 계속해서 줄어듭니다.

이 예시에서 한계효용은 추가적으로 주문한 음식이 어떻게 만족도를 변화시키는지를 보여줍니다. 처음에는 음식을 먹는 것이 즐겁고 만족스럽지만, 지속적인 소비는 만족도 상승폭을 감소시킵니다.

한계효용 개념은 소비자의 선택과 소비 패턴을 이해하는 데 중요합니다. 한계효용을 고려하여 소비자는 자원을 최적으로 할당하고 어떤 상품이나 서비스를 추가로 구입할지 결정합니다. 이것은 소비자가 자신의 가용한 자원을 최대한 효율적으로 활용하기 위한 중요한 요소 중 하나이며, 소비 패턴과 경제 활동을 예측하고 설명하는 데 도움을 줍니다.

환율
Exchange Rate

환율은 한 국가의 통화를 다른 국가의 통화와 어떤 비율로 교환할 수 있는지를 나타내는 지표입니다. 예를 들어, 한국 원KRW을 미국 달러USD로 환전하거나 국제 거래를 할 때 환율을 사용합니다. 환율은 국제무역, 여행, 투자, 정책 결정에 영향을 미칩니다.

그중 가장 중요한 요인은 물가 수준입니다. 물가 수준이 높으면 환율이 상승하고, 물가 수준이 낮으면 환율이 하락합니다.

- 수출 및 수입

  환율은 국제 무역에 영향을 미칩니다. 예를 들어, 만약 한국 원의 환율이 미국 달러 대비 강하다면 한국 제품이 해외에서 미국 제품보다 저렴해지며, 해외에서 한국 제품을 더 많이 구입하려고 할 것입니다. 이것은 한국의 수출을 촉진할 수 있습니다.

경제기사를 읽는데 용어를 모른다고

- 외국인 투자

  환율은 외국 투자자들에게 한국 투자의 매력을 미치는데 중요한 역할을 합니다. 높은 환율은 한국에서 투자한 자금을 미국 달러로 환전할 때 더 많은 이익을 얻을 수 있게 하며, 이는 외국 투자자들이 한국으로 자금을 유입시키는데 기여할 수 있습니다.

- 여행

  환율은 해외여행과 관련이 있습니다. 만약 한국 원의 환율이 미국 달러 대비 강하다면, 한국에서 미국 여행을 계획하는 한국인들은 미국에서 물건을 살 때 더 많은 가치를 얻을 수 있습니다. 그러나 미국에서 물건을 사는 데에는 더 많은 한국 원이 필요하게 될 것입니다.

- 통화 가치

  환율은 한국 통화의 가치를 나타냅니다. 높은 환율은 한국 통화가 강하다는 것을 의미하며, 이는 한국에서 물건을 살 때 더 저렴하게 구매할 수 있지만, 해외에서 한국 물건을 구매할 때 더 비싸질 수 있음을 나타냅니다.

우리나라 정부는 환율 상승을 막기 위해 여러 가지 정책을 시행하고 있습니다. 하지만 미국의 금리 인상과 중국의 경제 성장 둔화라는 외부 요인으로 인해 우리나라의 환율 상승을 막기는 쉽지 않을 것으로 보입니다.

경알못들을 위한
추가 경제용어

경알못들을 위한 추가 경제용어

가격결정자 Price Maker

시장에서 특정 상품 또는 서비스의 가격을 결정할 수 있는 업체나 기관을 가리킵니다. 이들은 시장에서 지배적인 위치를 가지며, 자체적으로 가격을 설정할 수 있습니다.

가격선도자 Price Leader

시장에서 특정 업체나 기업이 가격 결정에 주도적인 역할을 하는 경우를 나타냅니다. 다른 경쟁 업체들은 주로 이 가격을 따르는 경향이 있습니다.

가격수용자 Price Taker

시장에서 주어진 가격을 수용하는 경향이 있는 업체나 개인을 가리킵니다. 이들은 시장 가격을 따르며, 가격을 변경할 권한이나 능력이 제한적입니다.

가격의 자동 조절 기능 Automatic Adjustment Function of Price

시장에서 가격이 변동함에 따라 공급과 수요가 조절되는 메커니즘을 의미합니다. 이는 시장 경제에서 가격 메커니즘의 중요한 특징 중 하나이며, 공급과 수요의 변화에 따라 가격이 조절됩니다.

가변비율의 법칙 Law of Variable Proportions

생산 요소 중 하나를 고정시키고 다른 요소를 가변하게 했을 때 생산량이 어떻게 변화하는지를 설명하는 경제학의 원리입니다. 이 법칙은 생산과 생산요소의 상호작용을 이해하는 데 사용됩니다.

가치 Value

상품, 서비스, 자산 또는 자원이나 무엇이든지 소유자나 시장에서 인정받는 금전적 또는 비금전적 가치를 의미합니다. 가치는 주관적이며 시간과 상황에 따라 변할 수 있습니다.

가치의역설 Paradox of Value

가치와 가치가 있는 물품 또는 서비스 간의 상충 현상을 나타내는 경제 이론입니다. 이 역설은 가치가 높은 물품인 다이아몬드과 가치가 낮은 물품인 물과 같이 가치가 높지만 필수적이지 않은 물품이 낮은 가격을 가질 수 있다는 것을 설명합니다.

가치추가세 Value-Added Tax, VAT

소비자가 부과세를 지불하는 경제적인 시스템 중 하나입니다. 제조, 유통 및 소비자 단계에서 부가가치세가 부과되며, 중간 단계에서의 과세는 이전에 부과된 부가가치세를 차감하는 방식으로 이루어집니다.

감가상각비 Depreciation & Amortization

기업이 자산을 시간이 지남에 따라 가치가 감소하는 것을 반영하는 비용입니다. 이것은 주로 장기적인 자산, 예를 들어 기계장치나 부동산과 같은 자산에 적용됩니다.

개방경제 Open Economy

국가가 국제 무역을 통해 다른 국가와 경제적 관계를 맺고 있으며, 외부의 경제 영향을 받는 경제 시스템을 가리킵니다. 개방경제는 수출, 수입, 외환거래 및 국제경제 관계에 민감하게 반응합니다.

결제리스크 Settlement Risk

금융 거래에서 발생할 수 있는 위험 중 하나로, 한 당사자가 자금을 지불하고 다른 당사자가 이를 제때로 수령하지 못하는 상황을 가리킵니다.

경기순응성

경제의 빠른 변화에 대응하는 능력을 가리키는 경제학 용어입니다. 경기순응성이 높은 경제나 기업은 경제적 변동에 유연하게 대처할 수 있으며, 예기치 못한 상황에 대비할 수 있습니다. 이것은 경제 주체들이 생산, 고용, 투자 등을 조절하여 경제의 파동을 완화하고 조절하는 데 중요한 역할을 합니다. 경기순응성은 경제의 안정과 지속 가능한 성장을 지원하는 중요한 특성 중 하나입니다.

경기순환 Business Cycle

경제가 시간에 따라 주기적으로 번갈아가며 성장과 침체를 반복하는 현상을 나타냅니다. 일반적으로 경기는 불황, 회복, 호황, 후퇴의 네 단계를 거치며 순환합니다.

경기동향지수 Diffusion Index

경제 현상의 방향과 흐름을 추적하기 위해 사용되는 지표로, 주로 비즈니스 활동과 생산 흐름에 대한 정보를 제공합니다.

경기침체 Economic Recession

경제의 침체 및 부진 기간을 의미합니다. 이 기간 동안 경제는 총 생산량이 감소하고 실업률이 상승하는 경향을 보이며, 소비와 투자가 감소합니다.

경기회복 Economic Recovery

경제가 침체 또는 침체 상태에서 벗어나 성장과 안정을 되찾는 과정을 나타냅니다. 경기회복 기간 동안 경제는 생산량이 증가하고 실업률이 감소하는 경향을 보이며, 소비와 투자가 회복됩니다.

경매 Auction

상품, 서비스 또는 자산을 공개 시장에서 판매하거나 구매하는 방식을 가리킵니다. 경매는 입찰과 입찰자 간의 경쟁을 통해 가격이 결정되며, 높은 입찰가를 제시한 입찰자가 해당 상품 또는 서비스를 구매하게 됩니다.

경쟁 Competition

시장에서 기업, 제품 또는 서비스 간의 경쟁을 의미합니다. 경쟁은 소비자에게 다양한 선택 옵션을 제공하고 효율성을 촉진하며, 가격과 품질을 개선할 수 있습니다.

경제성공 Economic Success

국가 또는 지역의 경제가 안정적이고 성장하며 빈곤과 실업률이 낮은 상태를 의미합니다. 이는 일반적으로 고용 창출, 물가 안정성, 생산성 향상 및 경제 안정성을 나타냅니다.

경제성장 Economic Growth

국가 또는 지역의 총생산 (GDP)이 시간이 지남에 따라 증가하는 것을 나타냅니다. 이는 경제의 생산량이 확대되고 소득이 증가하는 것을 의미하며, 경제의 번영과 발전을 나타냅니다.

경제수요 Economic Demand

상품과 서비스에 대한 소비자의 구매 의사 결정을 의미합니다. 이는 소비자가 제품이나 서비스를 구입하려는 의지와 능력을 나타냅니다.

경제인센티브 Economic Incentive

개인이나 기업이 특정 행동을 취하도록 유도하기 위한 경제적 장려 또는 동기부여를 의미합니다. 이러한 인센티브는 가격, 세금, 보상, 벌금 등을 통해 제공될 수 있습니다.

경제기사를 읽는데 용어를 모른다고

경제주체 Economic Agents

경제 시스템에서 경제적 의사 결정을 하는 주체를 가리킵니다. 이러한 주체에는 가정, 기업, 정부, 금융 기관 및 소비자 등이 포함됩니다.

경제지배력 Economic Dominance

한 국가나 기업이 경제 시스템에서 주요한 영향력을 행사하거나 지배하는 상태를 나타냅니다. 이는 특정 국가나 기업이 시장에서 우세한 위치에 있을 때 발생할 수 있습니다.

경제지표 Economic Indicators

경제의 건강 상태를 측정하고 추적하는 데 사용되는 통계 및 정보를 의미합니다. 이러한 지표에는 GDP, 실업률, 소비자 물가 지수, 수출입 등이 포함됩니다.

경제학파 conomic Schools of Thought

경제 이론 및 정책을 다루는 학문적 접근 방식이나 학파를 의미합니다. 다양한 경제학파는 경제 문제를 해석하고 해결하기 위한 서로 다른 이론과 접근법을 제시합니다.

경제성장 Economic Growth

국가 또는 지역의 총생산량(GDP)이 시간이 지남에 따라 증가하는 현상을 의미합니다. 이는 경제의 생산량이 확대되고 소득이 증가하는 것을 의미하며, 경제의 번영과 발전을 나타냅니다.

경제성장과 생산성 Economic Growth & Productivity

경제성장은 국가 또는 지역의 총생산량(GDP)이 시간이 지남에 따라 증가하는 현상을 의미합니다. 생산성은 경제성장을 지원하는 중요한 요소로, 단위 노동력 또는 자원을 효율적으로 활용하여 더 많은 가치를 창출하는 능력을 나타냅니다.

경제성장률 Rate of Economic Growth
특정 기간 동안 경제의 총생산이 얼마나 증가했는지를 백분율로 표현한 지표입니다. 일반적으로 연간 경제성장률을 계산하며, 이것은 경제의 건강 상태를 평가하는 데 사용됩니다.

경제수석 Economic Adviser
정부, 기업 또는 단체에 경제 정책 및 의사 결정을 조언하는 전문가를 가리킵니다. 경제수석은 경제 이론과 데이터를 기반으로 정책 제안을 수립하고 경제 상황에 대한 조언을 제공합니다.

경제순환 Economic Cycle
경제의 부상과 침체를 주기적으로 반복하는 현상을 나타냅니다. 일반적으로 경제순환은 부상, 정점, 침체, 그리고 경기저점으로 나뉘며, 경제 지표가 이 주기를 따라 움직입니다.

경제심리지수 Economic Sentiment Index, ESI
경제 주체의 심리 및 기대를 반영하는 지표로, 소비자, 기업 및 투자자들의 경제에 대한 신뢰와 기대를 측정합니다. 이것은 경제의 건강 상태를 평가하는 중요한 지표 중 하나입니다.

경제적불평등 Economic Inequality
국가 또는 지역 내에서 소득, 부의 분배가 불균형한 상태를 의미합니다. 이것은 일부 개인 또는 그룹이 다른 개인 또는 그룹에 비해 더 많은 부와 소득을 보유하고 있는 상황을 나타냅니다.

경제적예측 Economic Forecast
미래의 경제 상황을 예측하고 예상하는 과정을 의미합니다. 이러한 예측은 경제학자, 정부 기관, 은행 및 기업들이 미래의 경제 환경을 평가하고 경제 정책을 계획하는 데 사용됩니다.

경제기사를 읽는데 용어를 모른다고

경제적자유 Economic Freedom

시장 경제 시스템에서 개인과 기업이 자율적으로 경제 활동을 수행하고 경제적 의사 결정을 내릴 수 있는 정도를 나타내는 개념입니다. 더 높은 경제적자유는 시장 경제의 효율성을 강조합니다.

경제주체 Economic Agents

경제 시스템에서 경제적 의사 결정을 하는 주체를 의미합니다. 이러한 주체에는 가정, 기업, 정부, 금융 기관 및 소비자 등이 포함됩니다.

경제주체의 이성 Rationality of Economic Agents

경제 이론에서 중요한 개념으로, 경제 주체가 이익을 극대화하거나 자신의 목표를 달성하기 위해 합리적으로 의사 결정한다는 가정을 나타냅니다.

경제후생지표 Economic Well-Being Indicator

국가 또는 지역의 주민들의 경제적 복지와 만족도를 측정하는 지표를 나타냅니다. 이러한 지표는 소득, 교육, 건강, 주거, 환경 및 사회 지표를 포함할 수 있습니다.

고객확인절차 Know Your Customer, JYC

KYC는 금융 및 금융 관련 업계에서 중요한 개념으로, 금융 기관이 고객의 신원을 확인하고 고객의 신뢰성을 확보하기 위해 채택하는 프로세스와 정책을 나타냅니다. 이의 주요 목표는 금융 범죄, 금융사기 및 자금세탁과 같은 금융 범죄의 예방과 대응입니다.

고권화폐 High Powered Money

중앙은행이 발행하는 화폐로, 통상적으로 기준 금리를 조절하고 통화 공급을 제어하는 데 사용됩니다. 이것은 통화 공급의 중요한 부분을 형성하며, 금융 시스템에 중요한 영향을 미칩니다.

고용률 Employment Rate

특정 인구 또는 노동 시장에서 일자리를 가진 사람의 비율을 나타내는 지표입니다. 일반적으로 고용률은 인구의 노동력 참가자 중에서 일자리를 가진 사람의 비율로 표현됩니다.

고용생성 Job Creation

경제 시스템에서 새로운 일자리를 만들거나 추가하는 과정을 나타냅니다. 이것은 기업의 확장, 새로운 기업 창립 또는 정부 정책 등을 통해 발생할 수 있습니다.

고정비 Fixed Cost

기업 또는 조직이 생산 및 운영 활동을 위해 고정적으로 지출해야 하는 비용을 의미합니다. 이러한 비용은 일정한 기간 동안 변하지 않으며 생산량 또는 활동의 변동에 관계없이 동일한 금액으로 지출됩니다. 고정비에는 임대료, 보험료, 월급과 같은 고정된 비용이 포함됩니다.

고정환율제 Fixed Exchange Rate System

국가의 통화 가치를 외국 통화나 다른 자산과 일정한 비율로 고정시키는 통화 정책 체계를 의미합니다. 이것은 외환 시장에서 환율이 변동하지 않도록 하는 목적으로 사용됩니다. 고정환율제는 중앙은행이 환율을 유지하기 위해 외환 시장에 개입하는 경우가 많습니다.

고통지수 Misery Index

경제적 고통과 불만족을 측정하는 지표로, 일반적으로 실업률과 소비자 물가 상승 인덱스를 결합하여 계산됩니다. 높은 고통지수는 높은 실업률과 높은 물가 상승을 나타내며, 경제적 어려움을 반영합니다.

경제기사를 읽는데 용어를 모른다고

공공부문 Public Sector

정부, 정부 기관 및 공공 서비스를 제공하는 조직 및 업체로 이루어진 부문을 나타냅니다. 공공부문은 국가의 경제와 사회 활동에 중요한 역할을 하며, 교육, 보건, 안전, 교통 및 인프라와 같은 공공 서비스를 제공합니다.

공공부채 Public Debt

정부 또는 정부 기관이 자금을 조달하기 위해 발행한 채무나 빚을 의미합니다. 이것은 국가의 예산결산과 관련되며, 정부는 이러한 부채를 상환하기 위해 세금 수입이나 채무 발행을 통해 자금을 조달합니다.

공공재 Public Goods

모든 사람이 이용할 수 있으며 한 사람의 사용이 다른 사람들의 사용에 영향을 주지 않는 재화나 서비스를 의미합니다. 공공재는 일반적으로 배타성이 없고 소비한 사람들 간에 경쟁이 없으며 무료 또는 저렴한 가격으로 제공될 때 사회적 효율성을 가집니다. 예시로는 공원, 방송 서비스, 국방 및 법과 질서를 들 수 있습니다.

공급곡선 Supply Curve

시장에서 특정 재화 또는 서비스의 공급량을 가격과 관련하여 나타내는 그래프입니다. 일반적으로 가격이 증가하면 공급량이 증가하는 경향이 있으므로 공급곡선은 양의 기울기를 가집니다.

공급중시경제학 Supply-side Economics

경제 정책과 관련된 이론으로, 공급 측면에서 경제 성장을 촉진하고 생산성을 높이는 것을 중요시합니다. 이론적으로 낮은 세금율, 경제 활동을 촉진하는 규제 개혁 및 기업 활동을 활성화하는 정책을 강조합니다.

공급증가 Supply Increase
특정 재화나 서비스의 시장 공급량이 증가하는 것을 의미합니다. 이는 더 많은 재화나 서비스를 생산하거나 제공하고자 하는 판매자의 의도를 나타냅니다.

공급측면정책 Supply-side Policies
경제의 생산성과 생산 능력을 향상시키는 정책을 의미합니다. 이러한 정책은 세금 개혁, 규제 완화, 교육 개선 및 기술 혁신을 포함할 수 있으며 경제 성장을 촉진하고 실업률을 낮추기 위한 목적을 가집니다.

공급의 법칙 Law of Supply
가격이 상승할수록 공급량이 증가하며, 가격이 하락할수록 공급량이 감소하는 경향이 있다는 경제 이론의 기본 원리를 나타냅니다. 이 법칙은 공급 곡선을 설명하는 핵심 원리 중 하나입니다.

공시제 Disclosure Requirement
기업이 자체의 재무 정보 및 거래 정보를 공개하고 보고해야 하는 법적 규제를 나타냅니다. 공시제는 투자자와 시장 참여자들이 정보에 접근하고 합리적인 투자 결정을 내릴 수 있도록 돕는데 중요한 역할을 합니다.

공채 Public Loan
정부나 공공기관이 자금을 조달하기 위해 발행하는 채무증권을 의미합니다. 이는 정부가 예산적인 필요나 프로젝트 자금을 확보하는 데 사용되며, 투자자에게 이자 또는 원금 상환을 약속하는 금융 상품입니다.

공헌적 소비 Conspicuous Consumption
소비자가 고가의 상품이나 서비스를 구매하여 다른 사람들에게 자신의 사회적 경제적 지위나 부유함을 강조하는 행동을 나타냅니다. 이는 종종 브랜드 제품이나 고급 상품에 관련되며, 소비자의 사회적 입지를 향상시키는 데 사용됩니다.

관세 Tariff

국가간의 국제무역에서 상품이나 서비스에 부과되는 세금 또는 관세를 의미합니다. 이것은 수입품에 대한 부과세로 사용되며, 외국 제품이 국내 시장에 유입되는 것을 규제하거나 국내 산업을 보호하기 위해 적용될 수 있습니다.

구축효과 Crowding Out Effect

정부가 자금을 대출하거나 지출할 때, 사적 부문이나 기업 부문의 자금을 대출하거나 투자에서 제외시키는 현상을 나타냅니다. 이로 인해 정부 지출이 늘어나면 사적 부문의 투자가 감소할 수 있습니다.

국민총소득 Gross National Income, GNI

특정 국가의 모든 시민과 기업이 국내 및 국외에서 벌어들이는 총 수익을 나타내는 지표입니다. GNI에는 국내생산물과 국외에서 벌어들이는 수입이 포함되며, 국가의 총 소득을 측정합니다.

국제경제금융 International Economic Finance

국가 간의 경제적 상호 작용과 금융 거래를 다루는 분야를 의미합니다. 이에는 국제무역, 환율, 외환 시장, 국제금융 기관과 조직, 그리고 국제금융 정책이 포함됩니다.

국제무역 International Trade

국가 간의 상품과 서비스의 교환을 의미합니다. 국가 간의 무역은 수출과 수입을 포함하며, 국가 간의 경제 관계와 상호 의존성을 나타냅니다.

국제금융 International Finance

국제 시장에서 자금을 조달하고 투자하는 활동을 의미합니다. 이에는 외환 시장, 국제금융기관, 국제 투자 및 국제금융 거래가 포함됩니다.

국제금융시장 International Financial Markets

전 세계에서 다양한 금융 자산과 서비스가 거래되는 시장을 의미합니다. 이 시장은 외환 시장, 국제 주식 시장, 국제 채권 시장 및 다양한 파생상품 시장을 포함하며, 금융 거래와 투자가 국가 간으로 발생합니다.

국제분업 International Division of Labor

다양한 국가 또는 지역 간에 생산 및 경제 활동을 나누고 협력하는 개념을 나타냅니다. 국제분업은 각 국가가 자신의 경쟁 우위와 전문성을 활용하며, 생산과 생산성을 향상시키는데 기여합니다.

균형가격 Equilibrium Price

시장에서 공급과 수요가 일치하며 상품 또는 서비스의 가격이 안정된 상태를 나타냅니다. 이는 시장에서 상품 또는 서비스에 대한 가격이 형성된 상태를 말합니다.

글로벌화 Globalization

세계 각지의 국가 및 지역 간에 상품, 서비스, 자본, 정보 및 문화가 자유롭게 교환되는 현상을 의미합니다. 이로 인해 세계 경제와 문화가 급속하게 연결되고 국가 간의 상호 의존성이 증가합니다.

금리갭 Interest Rate Spread

두 가지 금리 간의 차이를 의미하며, 주로 은행이 대출 금리와 예금 금리를 결정할 때 고려됩니다. 금리갭이 높을수록 은행이 이윤을 창출할 가능성이 커지며, 금융 시장의 조건에 영향을 미칩니다.

경제기사를 읽는데 용어를 모른다고

금리스왑 Interest Rate Swaps, IRS

두 당사자가 금리 변동에 따른 위험을 분산시키기 위해 금리 지급 스케줄을 교환하는 금융 거래를 의미합니다. 이는 일정 기간 동안 고정 금리를 지불하고 다른 쪽에 가변 금리를 받거나 그 반대로 하는 거래입니다.

금융 Finance

자금을 조달하고 관리하는 모든 활동을 포함하는 개념입니다. 이는 투자, 저축, 대출, 투자 의사결정, 자산 관리 및 리스크 관리 등을 다루며, 개인, 기업 및 정부 모두에게 중요한 역할을 합니다.

금융동향 Financial Trends

금융 시장에서 나타나는 주요 패턴과 경향을 나타내는 것으로, 금융 시장의 변동성, 이자율의 움직임, 자산 가격의 변화 및 금융 제도의 변화를 포함합니다.

금융위기 Financial Crisis

금융 시스템에서 심각한 문제가 발생할 때 나타나는 상황을 의미합니다. 이로 인해 금융 시장의 불안이 증가하며, 은행 파산, 자산 가치 하락, 신용 위기 및 경제 침체가 발생할 수 있습니다.

금융위험 Financial Risk

금융 거래와 투자에서 발생할 수 있는 손실의 가능성을 나타냅니다. 이는 시장 리스크, 신용 리스크, 운영 리스크 등 다양한 형태로 나타날 수 있으며, 투자자와 금융 기관에게 영향을 미칩니다.

기본재 Normal Goods

소비자 수요가 소득 증가와 함께 증가하는 상품 및 서비스를 의미합니다. 소득이 증가하면 소비자는 더 많은 기본재를 구매하려는 경향이 있으며, 대표적으로 음식, 의류 및 주거와 관련된 상품 등이 이에 해당합니다.

기술적 효율성 Technical Efficiency

주어진 자원과 기술을 사용하여 생산성을 극대화하는 데 얼마나 효과적인지를 나타내는 지표입니다. 기술적 효율성이 높을수록 기업이 더 적은 자원을 사용하여 더 많은 생산을 달성할 수 있습니다.

기업 Enterprise

상품이나 서비스를 생산하고 판매하거나, 수익을 얻기 위해 다양한 경제 활동을 수행하는 조직이나 기업을 의미합니다. 기업은 다양한 규모와 유형을 가질 수 있으며, 경제 발전과 일자리 창출에 중요한 역할을 합니다.

기업수익률 Corporate Profitability

기업이 특정 기간 동안 얼마나 이익을 창출했는지를 나타내는 지표입니다. 이는 수익과 비용을 비교하여 계산되며, 기업의 재정 건강 상태와 투자 가치를 판단하는데 사용됩니다.

기업물가지수 Corporate Goods Price Index, CGPI

기업이 생산하는 상품의 가격 변동을 측정하는 지수입니다. 이것은 기업의 생산 비용과 가격 동향을 파악하는 데 사용되며, 특정 산업 또는 국가의 경제 상황을 파악하는 중요한 지표 중 하나입니다.

기업유동성 Corporate Liquidity

기업이 현금 또는 현금으로 변환 가능한 자산을 보유하고 있는 정도를 나타냅니다. 기업유동성이 높을수록 기업은 예기치 않은 경제 상황에 대비하거나 투자와 확장에 더 유연하게 대응할 수 있습니다.

경제기사를 읽는데 용어를 모른다고

기펜재 Giffen Goods

가격이 상승할 때 소비량이 늘어나는 특이한 상품을 나타냅니다. 이는 기본적으로 소비자의 선택이 가격 상승에도 불구하고 해당 상품을 더 많이 구매하려는 특별한 상황에서 발생합니다.

내수 Domestic Demand

특정 국가 또는 지역에서 생산된 상품 및 서비스의 수요를 나타냅니다. 내수는 소비자, 기업 및 정부의 구매에 의해 생성되며, 국가의 경제 성장에 중요한 역할을 합니다.

노동 Labor

인간의 노동 또는 노동력을 나타내며, 생산적인 활동을 통해 재화와 서비스를 생산하는데 사용됩니다. 노동은 경제 활동과 생산의 핵심 요소 중 하나이며, 노동자와 고용주 모두에게 영향을 미칩니다.

노동가치설 Labor Theory of Value

경제 이론 중 하나로, 재화와 서비스의 가치가 생산에 투입된 노동량과 관련이 있다고 주장하는 이론입니다. 이론에 따르면 노동자의 노동력이 상품의 가치를 결정하는 핵심 요소라고 합니다.

농업보조금 Agricultural Subsidy

농업 부문에서 생산자 또는 농부에게 정부나 국제기구로부터 제공되는 금전 지원 또는 혜택을 의미합니다. 이러한 보조금은 농업 생산을 촉진하고 농부의 소득을 보호하기 위해 사용됩니다.

누진과세 제도 Progressive Tax System

소득이 높을수록 더 높은 비율의 세금을 납부해야 하는 세무 체계를 나타냅니다. 이는 고소득자가 높은 세금을 지불하고, 소득이 낮은 사람들은 상대적으로 낮은 세금을 부담하는 방식으로 재정 정책을 시행하는 것을 말합니다.

니즈와 욕구 Needs & Wants
니즈는 생존과 관련된 필수적인 요구사항이며, 욕구는 추가적인 편익이나 만족을 주는 것을 나타냅니다. 니즈는 식품, 의료, 주거와 같은 필수적인 요구를 말하며, 욕구는 예를 들어 여가 활동, 럭셔리 상품 등을 통해 충족됩니다.

단위 탄력적 Unit Elastic
가격 변화에 대한 수요나 공급의 반응을 나타내는 경제 개념 중 하나입니다. 만약 가격의 상승이나 하락에 따른 수요나 공급의 변화가 정확히 비율적으로 일어난다면, 이것은 "단위 탄력적"이라고 할 수 있습니다.

대외경제 External Economy
국가의 경제와 다른 국가 또는 지역 간의 경제 관계를 의미합니다. 이는 국제 무역, 외국 투자, 국제 금융 및 국제 경제 협력과 관련된 다양한 측면을 다룹니다.

대외지급준비자산 External Reserves
한 국가의 중앙은행이 외환시장에서 다른 통화를 매입하거나 국제 거래를 위해 보유하는 외국 화폐 및 금융 자산을 나타냅니다. 대외지급준비자산은 외환시장의 안정성을 유지하고 국제 거래에 필요한 자금을 확보하는 데 사용됩니다.

경제기사를 읽는데 용어를 모른다고

대체재 Substitute Goods

비슷한 용도를 가진 두 개 이상의 상품을 나타냅니다. 이 두 상품은 서로 대체 가능하며, 한 가지 상품의 가격이 상승하면 소비자는 다른 대체 상품을 더 구매하려는 경향이 있습니다.

도덕적해이 Moral Hazard

보험 또는 금융 계약에서 보험자 또는 계약 당사자가 리스크를 무시하거나 더 위험한 행동을 취하려는 경향을 말합니다. 이는 리스크를 보장하는 계약의 효과를 저해할 수 있습니다.

독점금지법 Antimonopoly Law

독점 행위 및 시장에서의 불공정 경쟁을 금지하고 규제하는 법률을 의미합니다. 이 법률은 시장 경쟁을 증진하고 소비자의 이익을 보호하기 위해 시행됩니다.

독점도 (마진율) Degree of Monopoly

특정 시장에서 어떤 기업이나 기업 집단이 독점적 지배력을 갖는 정도를 나타냅니다. 이는 시장 내의 경쟁 정도를 판단하고 시장에서의 가격 결정 능력을 이해하는 데 도움이 됩니다.

독점적경쟁 Monopolistic Competition

시장에서 다수의 기업이 상품이나 서비스를 생산하며, 각 기업이 자체적인 특성을 가지고 있어서 제품이 다르지만 서로 대체 가능한 상황을 나타냅니다. 이러한 시장에서는 가격 경쟁과 제품 차별화가 동시에 일어납니다.

동질재 Homogeneous Capital Goods

제품이나 자본재가 서로 구별되지 않고 동일한 품질과 특성을 가지고 있는 상품을 나타냅니다. 이러한 제품은 일반적으로 가격이 주된 경쟁 요소가 됩니다.

디스인플레이션 Disinflation
물가 상승률이 감소하지만 아직 금융 위기의 수준까지는 하락하지 않는 경제 상황을 의미합니다. 디스인플레이션은 인플레이션 속도가 둔화되는 것을 나타냅니다.

디플레이션 스파이럴 Deflationary Spiral
경제에서 디플레이션 현상이 시작되고, 이로 인해 소비자 및 기업들이 더 많은 물가 하락을 예상하고 소비와 투자를 늦추는 악순환을 의미합니다. 초기의 디플레이션은 물가 하락을 초래하며, 이에 대응하여 소비자와 기업은 구매를 미루고, 이로 인해 수요 감소가 발생하고 더 많은 디플레이션을 초래합니다. 디플레이션 스파이럴은 경기 침체와 일자무식으로 이어질 수 있습니다.

디플레이션 위험 Deflationary Risk
디플레이션 현상이 경제에 부정적인 영향을 미칠 수 있는 가능성을 나타냅니다. 디플레이션은 일반적으로 경기 침체를 촉발하고 물가 하락, 소비 감소, 투자 축소 및 실업 증가와 같은 경제 문제를 야기할 수 있으므로 디플레이션 위험은 경제 정책 결정에 영향을 미칩니다.

렌트 Rent
일정한 기간 동안 재산 또는 자산의 사용을 대가로 지불하는 금액을 나타냅니다. 주택 임대료, 임대차량료, 토지 임대료와 같이 다양한 형태로 나타납니다.

리카도의 동등성 원리 Ricardian Equivalence

정부의 지출과 세금 정책에 관한 이론으로, 정부가 미래에 지출을 감축하기 위해 세금을 인상하는 경우, 개인들이 이를 고려하여 소비 및 저축 패턴을 조정할 것이라는 가설을 제기합니다. 즉, 정부 지출과 세금 인상은 미래에 동등하게 영향을 미친다는 이론입니다.

마샬의 k Marshall's k

경제학자 알프레드 마샬에 의해 개발된 경제학 용어로, 제품이나 자산의 유효한 가치나 수요를 측정하는 데 사용되는 상수를 나타냅니다.

명목 경제성장률 Rate of Nominal Economic Growth

경제의 총생산에서 물가 상승을 반영한 성장률을 나타냅니다. 총 생산량의 금액이 증가하며 물가 상승을 포함한 경우 명목 GDP가 증가합니다.

명목GDP Nominal GDP

현재의 물가 수준에서 측정된 국내 총생산으로, 물가 상승을 반영한 GDP입니다.

모노폴리 Monopoly

시장에서 한 기업 또는 업체가 특정 상품이나 서비스를 독점적으로 생산 및 판매하는 상황을 나타냅니다. 이로 인해 모노폴리 기업은 시장에서 가격을 조절하고 경쟁업체가 없어서 일방적으로 시장을 지배할 수 있습니다.

몰수 Confiscation

정부나 권위자가 개인의 재산, 자산 또는 자금을 강제로 압류하거나 압수하는 행위를 의미합니다. 몰수는 법률 위반, 세금 체납 또는 기타 범죄 행위에 대한 처벌로 이루어질 수 있습니다.

무역 Trade

국가 또는 기업 간의 상품과 서비스의 교환을 의미합니다. 국가 간의 국제 무역은 국가 간 경제 활동의 중요한 부분으로, 수출과 수입을 포함합니다.

무역흑자 Trade Surplus

국가가 수출하는 상품과 서비스의 가치가 수입하는 것보다 더 많을 때 발생합니다. 이로 인해 국가는 외국으로부터 흑자를 얻게 되며, 자국 경제에 긍정적인 영향을 미칠 수 있습니다.

무역적자 Trade Deficit

국가가 수출하는 상품과 서비스의 가치가 수입하는 것보다 적을 때 발생합니다. 이로 인해 국가는 외국으로부터 적자를 나타내며, 자국 경제에 부정적인 영향을 미칠 수 있습니다.

미탄력적 공급 Inelastic Supply

가격 변동에 상대적으로 반응이 적은 상품이나 서비스를 나타냅니다. 이러한 상품의 수요나 공급은 가격 변동에 대해 민감하지 않으며, 가격 상승 또는 하락에 제한적으로 반응합니다.

민간재산권 Private Property Rights

개인이나 기업이 자신의 재산을 소유하고 관리하는 권리를 나타냅니다. 이는 경제 시스템에서 자본주의와 시장 경제의 중요한 기반을 형성합니다.

민간투자 Private Investment

기업이 생산설비, 장비, 기술 개발 및 확장과 같은 목적으로 자금을 투자하는 것을 나타냅니다. 이는 경제 성장과 새로운 일자리 창출에 중요한 역할을 합니다.

반전효과 Recessionary Effect

경제 정책 또는 경제 충격이 경제를 둔화시키거나 불황으로 밀어넣는 효과를 나타냅니다. 이로 인해 경제 성장률이 둔화되고 실업률이 증가할 수 있습니다.

배로의 동등성 원리 Barro's Equivalence

정부의 지출 및 세금 정책이 미래의 세금 부담을 예측 가능하게 하며, 개인들이 이를 고려하여 소비와 저축을 조절하는 이론입니다.

버블경제 Economic Bubble

자산 또는 자산 가격이 현실적인 가치에 비해 지나치게 고평가되는 경제 현상을 나타냅니다. 이로 인해 자산 가격이 급격하게 상승하며, 이후 폭락할 가능성이 있습니다.

법률인플레이션 Nominal Inflation

물가 상승을 나타내는 지수 중 명목 물가 상승을 의미합니다. 명목 물가 상승은 물가지수의 증가를 통해 나타내며, 물가 상승과 물가 안정화를 측정하는 데 사용됩니다.

변동비 Variable Cost

기업이 생산하는 제품 또는 서비스를 제공하는 과정에서 생산량에 따라 변화하는 비용을 의미합니다. 예를 들어 원자재 가격의 상승이 생산 비용을 증가시키는 경우가 그런 예입니다.

변동환율제 Floating Exchange Rate System
국제 환율 시스템 중 하나로, 통화 환율이 시장에서 결정되며 정부나 중앙 은행의 개입이 적은 시스템을 말합니다. 환율은 공급과 수요에 따라 자유롭게 변동합니다.

보완재 Complementary Goods
소비자가 한 제품을 구매할 때 다른 제품을 함께 구매하는 경향이 있는 상품을 나타냅니다. 이러한 상품은 서로 보완 관계에 있으며, 한 제품의 수요 증가가 다른 제품의 수요 증가로 이어질 수 있습니다.

보호관세 Protective Tariff
국가가 자국 산업을 보호하기 위해 외국 제품에 부과하는 관세로, 외국 제품의 가격을 높이고 자국산업을 지원하는 목적으로 사용됩니다.

보호무역 Trade Protection
국가가 자국산업을 보호하기 위해 무역에 관련된 제한, 관세, 장벽 및 규제를 도입하는 정책을 나타냅니다.

부 Wealth
개인, 가구 또는 국가가 보유한 자산과 재산의 총 가치를 나타냅니다. 이에는 돈, 부동산, 주식, 보석 등이 포함됩니다.

부가가치 Added Value
제품이나 서비스의 제조 또는 공급 과정에서 추가된 가치를 나타냅니다. 이는 생산자가 원자재나 부품을 가공하고 소비자에게 제공하기 위해 기여한 가치를 의미합니다.

부동산시장 Real Estate Market
부동산의 매매, 임대, 투자 및 평가에 관련된 활동을 다루는 시장을 의

경제기사를 읽는데 용어를 모른다고

미합니다. 이 시장은 주택, 상업용 부동산, 토지 등 다양한 부동산 유형을 다루며 중요한 경제 부문 중 하나입니다.

부양책 Stimulus Package

정부가 경제에 활력을 불어넣고 경기를 활성화하기 위해 돈을 지출하거나 세금을 인하하는 정책을 총칭합니다. 주로 경기 침체 시기에 사용되며 일자리 창출과 경제 성장을 촉진하는 데 사용됩니다.

분배국민소득 Distribution of National Income

국가의 총 소득을 다양한 사회 경제 계층 또는 그룹 사이에 분배하는 과정을 나타냅니다. 이것은 소득불평등, 사회적 정의, 정책 결정에 영향을 미치는 중요한 요소 중 하나입니다.

분업 Division of Labor

작업 또는 생산 과정을 다양한 특화된 작업으로 나누는 것을 말합니다. 이로써 생산성이 향상되고 효율성이 증가하며 제품 또는 서비스의 품질이 향상됩니다.

불완전경쟁 Imperfect Competition

시장에서 완전한 경쟁이 아닌 상황을 의미합니다. 이는 시장 참가자가 특정 제품 또는 서비스의 가격과 생산량을 조절하는 데 일부 권한을 가지고 있는 경우를 나타냅니다.

비교우위 Comparative Advantage

두 개체 또는 국가 간에 두 가지 다른 상품 또는 서비스를 생산할 때, 한 개체 또는 국가가 다른 것에 비해 상대적으로 비용이 적게 드는 상품 또는 서비스를 생산하는 경제 원리입니다.

비교이점 Comparative Advantage

개체나 국가가 다른 개체나 국가와 비교하여 특정 제품 또는 서비스를 더 효율적으로 생산하는 능력을 나타냅니다. 이를 통해 국가 간 무역이 이루어지며 경제 효율성이 향상됩니다.

비대칭정보 Asymmetric Information
시장 거래에서 한 측의 정보가 다른 측보다 더 많거나 덜할 때 발생하는 현상을 나타냅니다. 이러한 정보 불균형은 거래의 불평등성과 모니터링의 어려움을 초래할 수 있습니다.

비완전경쟁 Imperfect Competition
시장에서 완전한 경쟁이 아닌 상황을 나타냅니다. 이는 시장 참가자가 특정 제품 또는 서비스의 가격과 생산량을 조절하는 데 일부 권한을 가지고 있는 경우를 의미합니다. 이로써 시장에서 기업들은 가격을 일부 조정할 수 있습니다.

비용 이득 분석 Cost-Benefit Analysis
특정 프로젝트, 정책 또는 결정의 장단점을 비교하여 특정 행동 또는 투자의 비용과 이익을 평가하는 프로세스입니다. 이를 통해 합리적인 결정을 내릴 수 있습니다.

사업생산성 Business Productivity
기업이 투입한 자원(노동, 자본, 기술 등) 대비 얼마나 많은 제품 또는 서비스를 생산하는지를 나타내는 지표입니다. 생산성 향상은 기업의 경제 성과를 향상시킬 수 있습니다.

사적부문 Private Sector
경제 활동 중에서 개인과 기업이 경영하는 부분을 의미합니다. 이 부문에서는 이윤을 추구하고 시장에서 제품과 서비스를 생산하며 판매

경제기사를 읽는데 용어를 모른다고

합니다.

사적재(사유재) Private Goods
경제학에서 사용되는 개념으로, 한 사람 또는 기업이 소유하고 다른 사람에게 판매하지 않는 한 누구도 사용할 수 없는 재화 또는 서비스를 나타냅니다. 이러한 재화는 소유권과 배타성을 가집니다.

사회적불평등 Social Inequality
사회에서 소득, 재산, 권한 및 기회에 대한 불균형을 나타냅니다. 이것은 경제적, 사회적 및 정치적 요인에 따라 발생할 수 있으며 정책과 제도로 개선하려는 대상입니다.

사회적잉여 Social Surplus
경제 활동의 결과로 발생하는 전체 사회적 이익을 의미합니다. 이것은 소비자와 생산자의 흥분을 나타내며, 이익과 손실을 포함하여 시장 거래에서 발생하는 이익을 나타냅니다.

사회적 지속 가능성 Social Sustainability
사회가 현재와 미래 세대 모두에게 필요한 자원과 환경을 유지하고 보호하는 데 어떻게 기여할 수 있는지를 고려하는 개념입니다. 이것은 지속 가능한 사회 및 경제를 실현하기 위한 노력을 반영합니다.

사회적 책임 경영 Corporate Social Responsibility, CSR
기업이 이익 추구 외에도 환경, 사회, 노동, 고객 등 다양한 이해관계자와의 상호작용을 통해 사회적 문제에 대한 책임을 다하는 경영 철학입니다. 이는 환경 보전, 노동자 권리, 사회 공헌 및 윤리적 경영과 관련이 있습니다.

사회적비용 Social Costs
특정 경제 활동 또는 생산에 따라 발생하는 비용 중 개인이나 기업이 직접 부담하는 비용 외에도 사회 전체가 부담하는 비용을 나타냅니다. 이는 환경 오염, 교통 체증, 소득 불평등과 같은 외부비용을 포함합니다.

사회주의 Socialism

생산 수단의 사회적 소유와 수익 분배의 공평성을 강조하는 경제 체제 또는 이념을 나타냅니다. 이는 민영 부문과 공공 부문의 협력을 통해 사회적 평등을 추구하며, 국가 또는 사회가 일부 중요한 산업을 소유하거나 통제할 수 있습니다.

산업 구조조정 Industrial Restructuring

경제의 산업 구조를 변경하거나 조정하는 과정을 의미합니다. 이는 산업 부문의 성장과 감소, 기술 혁신 및 시장 변화와 관련이 있으며, 종종 일자리와 생산성에 영향을 미칩니다.

삼면등가의 법칙 Principle of Equivalent of Three Aspects

회계와 경제학에서 사용되는 원칙 중 하나로, 자산, 부채 및 자본의 세 가지 측면이 회계식과 재무 보고서에서 항상 균형을 이루어야 한다는 원칙을 나타냅니다.

상대적 잉여가치 Relative Surplus Value

노동 과정에서 노동 시간에 비해 노동자가 생산성을 향상시키는 경우 생기는 추가 가치를 나타냅니다. 이것은 노동자의 생산성 향상에 따른 이익을 나타냅니다.

새뮤얼슨 정리 Theorem of Samuelson

경제 이론에서 중요한 역할을 하는 원리 중 하나로, 경제 활동이 모든 경제 주체에게 이익이 있는 경우, 그 활동은 경제적으로 효율적이라는 원칙을 제시합니다.

생산가능성 프론티어 Production Possibilities Frontier

제한된 자원과 생산 요인 하에서 어떤 제품 또는 서비스를 생산할 수 있는지를 나타내는 그래프 또는 모델입니다. 이는 자원 할당과 생산량 최적화를 결정하는 데 사용됩니다.

생산공수 Production Function

생산 프로세스에서 입력 자원 및 생산력을 효과적으로 결합하여 어떤 수준의 생산량을 달성하는 데 사용되는 방정식 또는 모델을 의미합니다. 이는 경제학에서 생산을 연구하는 데 사용됩니다.

생산국민소득 Productive National Income

국가의 총 생산물과 서비스 가치의 합계를 의미합니다. 이것은 국가의 생산성과 소득 분배를 측정하고, 국가의 경제 활동을 추적하는 데 사용됩니다.

생산기회비용 Opportunity Cost of Production

특정 상품 또는 서비스를 생산하려면 다른 것을 생산하지 않아서 얻을 수 있는 손실된 기회의 가치를 나타냅니다. 이것은 자원 할당 및 의사 결정 과정에서 중요한 개념이며, 한 가지를 선택하면 다른 것을 포기해야 함을 강조합니다.

생산성 Productivity

투입 자원에 비해 얼마나 많은 출력을 생산하는 데 효과적인 능력을 의미합니다. 노동 생산성, 자본 생산성 등 다양한 유형의 생산성이 존재하며, 이는 기업이나 국가의 경제 성과에 중요한 영향을 미칩니다.

생산요소 Production Factors

생산 프로세스에서 사용되는 핵심 자원 및 생산 요인을 나타냅니다. 이러한 요소에는 노동, 자본, 토지, 기술 및 관리 능력이 포함됩니다.

생산의 3단계 Three Stages of Production

생산 프로세스를 설명하는 모델 중 하나입니다. 이 단계는 짧은 시기, 중기 및 장기 기간에 걸쳐 생산량이 어떻게 변화하는지를 보여줍니다. 초기 단계에서는 추가 생산량이 급격히 증가하다가 나중 단계에서는 점차 감소하는 경향이 있습니다.

생산이론 Production Theory

경제학의 분야 중 하나로, 생산과 생산 요소의 사용에 관한 이론을 연구합니다. 이 이론은 효율적인 자원 할당과 최적 생산량을 이해하는 데 사용됩니다.

생산인력비 Labor Productivity

노동자가 단위 시간 내에 생산하는 양을 나타내는 지표입니다. 이것은 효율적인 노동력 활용과 경제 성과를 측정하는 데 사용됩니다.

생산자 Producer

상품이나 서비스를 생산하는 개인, 기업 또는 단체를 나타냅니다. 생산자는 시장에서 상품을 판매하고 이로부터 수익을 얻습니다.

생산자물가지수 Producer Price Index, PPI

생산자가 상품 및 서비스를 생산할 때 소비하는 원자재와 생산비용의 변동을 추적하는 지표입니다. 이것은 물가 상승 및 인플레이션을 예측하는 데 사용됩니다.

생산자보조금 Producer Subsidy

정부나 기타 단체가 특정 산업이나 제품을 생산하는 기업에게 제공하는 금전적 지원을 나타냅니다. 이러한 보조금은 경제 활동을 지원하고 경제적 안정을 유지하기 위해 사용됩니다.

경제기사를 읽는데 용어를 모른다고

생산자잉여 Producer Surplus

시장에서 생산자가 기존 가격보다 높은 가격으로 상품을 판매할 때 얻는 추가 수익을 나타냅니다. 이것은 공급 곡선과 수요 곡선의 교차점을 기준으로 계산됩니다.

생산함수 Production Function

투입 요소(노동, 자본, 토지 등)와 생산량 간의 관계를 나타내는 모델이나 방정식을 의미합니다. 이것은 어떤 수준의 생산량을 얻기 위해 어떻게 자원을 조합해야 하는지를 이해하는 데 사용됩니다.

생활물가지수 CPI for living necessaries

주로 생활 필수품과 서비스의 가격 변동을 측정하는 소비자 물가지수(CPI)의 한 형태입니다. 이것은 소비자의 생활비용과 물가 상승률을 추적하는 데 사용됩니다.

서비스 부문 Service Sector

경제에서 상품이 아닌 서비스를 제공하는 산업 부문을 나타냅니다. 이러한 서비스에는 교육, 의료, 호텔 및 레스토랑, 금융 서비스 등이 포함됩니다.

선수재 Input

생산 프로세스에서 사용되는 원자재, 노동, 자본, 기술 및 다른 생산 요소를 나타냅니다. 이러한 선수재는 제품 또는 서비스를 만들 때 사용됩니다.

선호도 Utility

소비자가 다양한 상품이나 서비스를 얼마나 가치 있게 여기는지를 나타내는 개념입니다. 이것은 소비자 선택과 소비 행동을 이해하는 데 중요한 역할을 합니다.

세계경제포럼(다보스포럼) World Economic Forum

스위스 다보스에서 연례로 개최되는 국제 경제 및 정치 문제에 관한 논의와 협력의 플랫폼입니다. 세계 각국의 정부, 기업 리더, 학자, 비정부기구 등이 참여하며, 세계의 주요 경제 및 정치 이슈를 다루는 중요한 회의 중 하나입니다.

세계무역기구 World Trade Organization, WTO

국제 무역 규칙을 조정하고 무역 분쟁을 조정하는 국제 기구입니다. WTO는 다양한 국가 간의 공정한 국제 무역을 촉진하고 보호하는 역할을 합니다.

세금 Tax

정부에 의해 부과되는 금전적인 의무로, 개인, 기업 및 다른 조직이 정부에 일정한 금액을 납부해야 하는 것을 의미합니다. 세금은 정부 예산을 지원하고 공공 서비스를 제공하는 데 사용됩니다.

세이의 법칙 Say's Law

공급이 수요를 창출한다는 경제 이론을 나타내는 원리로, 제품을 생산하고 시장에 공급함으로써 수요가 자동으로 발생한다는 것을 의미합니다.

소득주도성장 Income-led growth

소비자 소득이 경제 성장을 주도하는 개념입니다. 이것은 소비자가 더 많은 돈을 벌고 소비하는 과정에서 기업에 의해 더 많은 제품 및 서비스가 생산되는 것을 의미합니다.

소비자 보조금 Consumer Subsidy

정부나 다른 기관이 특정 상품이나 서비스의 가격을 낮추기 위해 소비자에게 지급하는 금액 또는 혜택을 나타냅니다. 이것은 가격을 소비자에게 더 저렴하게 만들어 소비를 촉진하는 데 사용됩니다.

소비자 선택이론 Consumer Choice Theory

소비자가 유한한 자원을 사용하여 다양한 상품 및 서비스를 어떻게 선택하는지를 설명하는 경제 이론입니다. 이 이론은 한정된 소득과 가격 변화가 소비자의 선택에 미치는 영향을 연구하며, 유틸리티, 예산선, 균형점 등의 개념을 활용합니다.

소비자심리지수 Consumer Composite Sentiment Index, CCSI

소비자들의 현재 및 미래의 경제 상황에 대한 심리나 태도를 측정하는 지표입니다. 이것은 소비자들의 소비 의사 결정 및 경제 활동에 영향을 미칠 수 있으며 경제 전망을 파악하는 데 중요한 지표 중 하나입니다.

소비자잉여 Consumer Surplus

소비자가 상품을 구매할 때 실제로 지불한 가격보다 해당 상품에 대한 최대 가격 또는 가치를 의미합니다. 이것은 가격과 가치 간의 차이로, 소비자가 얼마나 이익을 얻는지를 나타냅니다.

소비자기대 Consumer Expectations

소비자가 미래에 대한 예상 및 기대를 나타내는 것을 의미합니다. 이것은 소비자의 구매 및 소비 패턴에 영향을 미칠 수 있으며, 경제 예측 및 소비판매 동향을 이해하는 데 중요합니다.

소비재 Consumer Goods

개인이나 가정에서 소비되는 상품 및 서비스를 나타냅니다. 음식, 의류, 전자제품, 서비스 등이 여기에 포함됩니다. 소비재는 일상적으로 구매되며 개인 소비에 직접 사용됩니다.

소비적정 Consumption Bundle

특정한 가격과 수량으로 구매된 여러 상품 및 서비스로 구성된 패키지를 의미합니다. 이것은 소비자가 구매하는 다양한 상품과 서비스 조합을 나타내며, 소비자 선택 이론과 관련이 있습니다.

소비함수 Consumption Function

소비자가 소득 수준, 가격, 소비기대 등에 따라 소비하는 상품 및 서비스의 양을 설명하는 함수 또는 모델을 의미합니다. 이것은 소비자 선택 이론과 관련이 있으며 소비 패턴의 예측 및 분석에 사용됩니다.

소셜캐피탈 Social Capital

사회적 관계와 네트워크를 통해 얻는 가치를 나타내는 개념입니다. 이것은 사회 상호작용, 협력, 신뢰 및 지원을 통해 형성되며, 경제 및 사회 활동에 긍정적인 영향을 미칠 수 있습니다.

속물효과(스놉효과)

소비자가 특정 상품의 가격이 상승할 때 그 상품을 더 많이 구매하는 현상을 나타냅니다. 이것은 일반적으로 고급 상품에 적용되며 가격이 오르면 소비자들이 더 많이 구매하려는 경향이 있습니다.

손익분기점 Break-even Point

비즈니스가 수익과 비용이 같아지는 지점을 나타냅니다. 이것은 비즈니스가 이익을 창출하기 시작하는 지점으로, 이전에는 손실을 입었던 것과 비교하여 수익을 얻기 시작하는 부분을 나타냅니다.

수급 균형(균형점) Equilibrium of Demand & Supply

시장에서 수요와 공급이 일치하고 가격이 안정된 상태를 의미합니다. 이것은 시장에서 상품이 판매되고 구매되는 수량과 가격이 조화를 이룬 상태를 나타내며, 시장의 움직임과 변동이 없는 상태를 의미합니다.

수급의 갭 Supply-Demand Gap

시장에서 수요와 공급의 양 사이의 차이를 나타내는 것으로, 수요가 공급보다 더 많거나 더 적을 때 발생합니다. 이 갭은 시장에서 가격과 수량에 영향을 미치며, 시장 불균형을 나타낼 수 있습니다.

수요상승 Demand Increase

시장에서 특정 상품이나 서비스에 대한 수요가 증가하는 현상을 의미합니다. 이는 일반적으로 소비자의 소득 상승, 상품의 가격 하락 또는 다른 경제적 요인으로 인해 발생할 수 있습니다.

수요 중시 경제학 Demand-side Economics

경제 정책 중 하나로, 정부나 중앙은행이 수요를 촉진하고 경제 성장을 촉진하기 위해 정책을 시행하는 경제 이론 및 방법론을 나타냅니다. 이는 일자리 창출 및 소비 증대를 중요시하며 경제 부양책과 관련이 있습니다.

수요 측면 정책 Demand-side Policies

정부나 중앙은행이 경제를 조절하고 경제 불균형을 해결하기 위해 소비자 수요를 조절하는 정책을 의미합니다. 이러한 정책에는 세금 인하, 공공 지출 증가, 금리 인하 및 기타 조치가 포함될 수 있습니다.

수요와공급 Demand & Supply

시장에서 상품이나 서비스에 대한 소비자들의 요청과 공급자의 제공을 나타내는 요소입니다. 시장에서 수요와 공급이 균형에 도달하면 시장 가격이 형성됩니다.

수요의법칙 Law of Demand

가격이 하락하면 수요가 증가하고, 가격이 상승하면 수요가 감소하는 경향을 나타냅니다. 이것은 일반적으로 가격과 수요 사이의 역방향

관계를 나타내며, 경제학의 기본 원리 중 하나입니다.

수익채취가설 Revenue Yield Hypothesis
수익채취가설은 채권 시장에서 채권 투자자가 채권의 기존 수익과 추가적인 수익을 얻기 위해 어떻게 투자 결정을 내리는지 설명하는 이론입니다. 이 가설은 투자자가 현재의 수익을 유지하면서 새로운 수익을 얻을 가능성을 고려하여 채권 투자 결정을 내린다는 가정을 기반으로 합니다.

수익최대화 Profit Maximization
기업이나 개인이 이익을 극대화하려는 경제적 목표를 나타냅니다. 기업은 생산 및 가격 설정을 통해 수익을 극대화하려고 노력하며, 소비자나 투자자는 자산 및 투자 결정을 통해 수익을 극대화하려고 노력합니다.

수입 Import
국내 시장으로 다른 국가나 지역에서 상품이나 서비스가 들어오는 과정을 나타내며, 국내 소비자에게 외국에서 생산된 제품을 제공하게 됩니다.

수입다각화 Income Diversification
개인이나 기업이 여러 다양한 소득원을 가지고 위험을 분산시키려는 전략을 나타냅니다. 수입을 다각화함으로써 소득이 다양한 원천에서 발생하며, 금융적 안전성을 향상시키고 리스크를 줄일 수 있습니다.

수입품 Imported Goods
국내 시장으로 외국에서 수입된 상품을 나타냅니다. 이러한 상품은 국내 생산품과 경쟁하거나 보충하여 국내 소비자에게 다양한 선택을 제공할 수 있습니다.

경제기사를 읽는데 용어를 모른다고

수입할당제 Import Quota

정부나 국제 기구가 규제하거나 제한하는 목적으로 수입에 대한 한도를 설정하는 정책을 의미합니다. 이로써 특정 상품의 수입량이 제한되거나 조절됩니다.

수직무역 Vertical Trade

상품의 제조와 판매 단계 사이에서 발생하는 국제 무역을 나타냅니다. 이는 품목이나 부품을 다른 국가로 수출하거나 수입하는 과정을 포함합니다.

수출 Export

국내에서 생산된 상품이나 서비스를 외국 시장으로 판매하거나 제공하는 과정을 의미합니다. 국내 기업은 수출을 통해 국제 시장에서 수익을 창출하고 국내 경제를 지원합니다.

수출입물가지수 Export and Import Price Index

국제 무역에서 발생하는 가격 변동을 추적하고 비교하는 데 사용되는 지표입니다. 이는 국제 무역에서의 가격 동향을 모니터링하고 무역의 경제적 영향을 분석하는 데 중요한 역할을 합니다.

수평무역 Horizontal Trade

동일한 생산 단계에서 발생하는 국제 무역을 나타내며, 동일한 종류의 상품이나 서비스를 다른 국가로 수출하거나 수입하는 과정을 의미합니다.

순수수출 Net Export

국가의 수출에서 수입을 차감한 값으로, 국가가 외국으로 제품 및 서비스를 판매하여 얻은 수익과 외국으로부터 제품 및 서비스를 구입하는 데 소비한 비용의 차이를 나타냅니다. 양수의 순수수출은 수출이 수입보다 많은 경우를 나타내며, 음수의 순수수출은 수입이 수출보다 많은 경우를 나타냅니다.

시장균형 Market Equilibrium
공급과 수요가 일치하며 가격이 안정적인 수준에 도달하는 상태를 나타냅니다. 이는 시장에서 판매 가능한 상품 또는 서비스의 양과 가격이 소비자와 판매자 모두에게 만족스러운 상태를 의미합니다.

시장메커니즘 Market Mechanism
가격과 수요, 공급, 경쟁, 및 판매 등의 요소가 상호 작용하여 시장에서 자원 할당 및 가격 결정이 이루어지는 과정을 의미합니다. 이것은 시장 경제의 핵심 원리 중 하나입니다.

시장지배력 Market Power
특정 기업이나 그룹이 시장에서 가격을 조절하거나 다른 기업에 경쟁을 제한할 수 있는 능력을 의미합니다. 시장에서 지배적인 위치에 있는 기업은 시장 가격 및 조건을 결정하는데 영향을 미칠 수 있습니다.

시장참여자 Market Participants
시장에서 활동하는 모든 주체를 나타냅니다. 이는 공급자, 소비자, 투자자, 기업, 정부, 및 국제 조직 등을 포함합니다.

시장가격 Market Price
특정 상품이나 서비스가 시장에서 거래되는 때에 형성되는 가격을 나타냅니다. 시장의 공급과 수요에 따라 시장가격은 변동할 수 있으며, 이것이 시장 메커니즘의 일부입니다.

시장리스크 market risk
금융시장에서 발생하는 금융 자산의 가치 변동에 대한 위험을 나타냅니다. 이러한 변동은 주로 주식, 채권, 외환, 상품 등 다양한 자산 클래

경제기사를 읽는데 용어를 모른다고

스에서 발생할 수 있으며, 시장의 불확실성, 경제 요인, 정치적 사건, 자연재해 등으로 인해 영향을 받습니다. 시장리스크를 최소화하려면 포트폴리오 다변화, 리스크 관리 전략, 투자 시간대별 검토 등을 고려해야 합니다. 이는 금융 기관, 투자자 및 기업이 금융 시장에서 안전하게 운영하고 투자하는 데 중요한 역할을 합니다.

시장균형 Market Equilibrium

공급과 수요가 일치하여 시장에서 안정된 가격과 거래량이 형성된 상태를 나타냅니다. 시장균형에서는 어느 쪽도 가격을 변경하려고 하지 않는 경향이 있습니다.

시장의 외부성 Outside of The Market

시장에서 고려되지 않는 외부 영향을 의미합니다. 이는 주로 환경문제와 관련이 있으며, 이러한 외부성은 시장가격이 완전한 정보를 반영하지 못할 때 발생할 수 있습니다.

시장출입 Market Entry

시장출입은 기업이 새로운 시장에 진입하여 상품이나 서비스를 판매하거나 산업 분야에 진출하는 과정을 의미합니다.

시중금리 Market Interest Rate

시장에서 돈을 빌리거나 빌려주는 데 적용되는 이자율을 나타냅니다. 이는 주로 은행 및 금융기관의 금융거래에서 중요한 역할을 합니다.

신용창조 Credit Creation

금융 기관이 대출을 통해 신용을 창조하는 과정을 나타냅니다. 이러한 신용은 경제의 확장과 소비를 촉진할 수 있습니다.

신제품진입 Entry of New Products

시장에 새로운 제품이나 서비스가 도입되는 과정을 나타냅니다. 이는 기존 시장 동향에 영향을 미칠 수 있습니다.

실업률 Unemployment Rate
경제에서 일자리를 찾지 못하고 있는 노동 인구의 비율을 나타냅니다. 이것은 경제의 건강 상태와 노동 시장 동향을 파악하는 중요한 지표입니다.

실질 경제성장률 Rate of Real Economic Growth
경제의 성장을 나타내는 지표로, 인플레이션의 영향을 배제한 순 실질 GDP의 연간 변화율을 의미합니다.

실질GDP Real GDP
실제 가격 수준에서 측정된 국내 총생산(GDP)입니다. 인플레이션의 영향을 제외하고 경제의 생산을 나타냅니다.

실질금리 Real Interest Rate
금융 거래에서 제공된 이자율에서 인플레이션율을 고려하여 인플레이션의 영향을 배제한 이자율을 의미합니다.

실질인플레이션 Real Inflation
가격 수준의 상승률 중에서 실질적인 가치의 변동을 반영하는 인플레이션을 나타냅니다.

안정성 Stability
경제, 금융 시스템 또는 시장에서 변동성이 낮고 예측 가능한 상태를 의미합니다. 안정성은 경제 및 금융 거래에서 중요한 요소 중 하나이며, 시장의 안전성과 신뢰성을 나타내는 지표입니다.

경제기사를 읽는데 용어를 모른다고

야경국가 Night-Watchman State

이 용어는 정부의 역할을 최소화하고 개인의 경제 활동과 자유를 보장하는 국가를 가리킵니다. 주로 자유 시장 경제와 개인의 권리를 강조하는 이념에 기반하여 사용됩니다.

양적완화 Quantitative Easing

중앙은행이 통화 공급을 증가시키기 위해 금융 시스템에 대규모로 돈을 주입하는 통화 정책의 형태입니다. 이것은 금리를 낮추고 경제를 활성화시키는 데 사용됩니다.

역소득세 Negative Income Tax

소득세 정책의 한 형태로, 낮은 소득층에게 세금을 돌려주는 방식입니다. 소득이 일정 수준 미만인 사람들은 세금 대신 지원금을 받게 됩니다.

연간 소비자물가지수 Annual Consumer Price Index, CPI

소비자물가지수는 특정 기간 동안 일상적인 상품과 서비스의 평균 가격 변동을 측정하는 지표로, 연간으로 이것을 계산하는 것은 물가 상승률을 파악하기 위한 방법 중 하나입니다.

열등재 Inferiority Goods

소비자가 소득이 증가하면 구매량이 감소하는 상품 또는 서비스를 가리킵니다. 일반적으로 높은 수입층에서는 구매가 감소하는 경향이 있는 제품입니다.

영향력 Market Power

시장에서 기업이 가지고 있는 힘 또는 영향력을 나타냅니다. 이것은 기업이 가격을 결정하거나 시장 조건을 조작하는 데 얼마나 능력이 있는지를 나타냅니다.

예산 Budget

개인, 기업 또는 정부가 수입과 지출을 관리하기 위해 수립하는 금융 계획 또는 계획서를 의미합니다.

완비재 Complementary Goods

이 상품은 다른 상품과 함께 구매되는 경향이 있는 상품을 의미합니다. 예를 들어, 자동차와 휘발유는 서로 완비재의 예입니다.

완전경쟁 Perfect Competition

이는 이상적인 시장 모델로, 다수의 소수의 기업이 있고 제품이 동일하며 시장 진입이 쉽다는 조건 아래에서 발생합니다. 경쟁이 완전하고 가격은 고정되며 기업은 가격을 조작할 권한이 없습니다.

외국환 Foreign Exchange

국제 화폐 거래를 나타내며, 다른 국가의 통화로 환전하거나 외국 통화로 물건을 구입하는 거래를 포함합니다. 외환 시장은 글로벌 경제에서 중요한 역할을 합니다.

외부경제 External Economy

시장의 결과가 기존의 경제 주체들뿐만 아니라 외부의 다른 경제 주체나 사회에도 영향을 미치는 현상을 가리킵니다. 이러한 외부경제는 시장에서 고려되지 않은 외부 효과에 관련되어 있을 수 있습니다.

외부불경제 External Diseconomy

이는 경제주체나 사회에 부정적인 외부 효과가 발생할 때 사용하는 용어로, 이로 인해 시장 경제의 효율성이 감소하는 현상을 나타냅니다.

외부비용 External Costs

특정 경제 주체나 기업의 활동으로 인해 발생한 부정적인 비용을 나

경제기사를 읽는데 용어를 모른다고

타냅니다. 이러한 외부비용은 해당 주체나 기업이 직접 부담하지 않고 사회나 다른 경제 주체가 부담하게 됩니다.

외부효과 내용적 경제학 Content Economics of Externalities
외부효과가 경제 분석의 중요한 부분임을 강조하는 개념을 나타냅니다. 외부효과 내용적 경제학은 외부효과에 대한 연구와 분석을 다루는 경제학의 한 분야입니다.

요인생산성 Factor Productivity
생산 요소(노동, 자본, 기술 등)의 효율적인 활용 정도를 나타내는 지표입니다. 높은 요인생산성은 더 많은 결과물을 적은 생산요소로 만들어내는 효율적인 생산을 의미합니다.

우등재(상급재) Normal Goods
소비자 수입이 증가할 때 수요도 증가하는 재화로, 수입이 높을수록 소비자가 더 많이 구매하는 재화를 가리킵니다. 이러한 재화는 수입과 수요가 양의 상관 관골을 가지고 있습니다.

원저 Depreciation
자산의 가치가 시간이 지남에 따라 감소하는 것을 나타내는 경제 용어입니다. 특히 자산의 물리적 내구성이나 가치가 상실되는 경우에 사용됩니다.

유동성 Liquidity
어떤 자산이 현금 또는 현금과 비슷한 형태로 빠르게 변환될 수 있는 정도를 나타냅니다. 높은 유동성을 가진 자산은 쉽게 매도하거나 현금화할 수 있어 경제 주체들에게 유리한 특성을 가집니다.

유동성 선호설 Liquidity Preference Theory
존 메이나드 케인스의 경제 이론 중 하나로, 금융 자산을 보유할 때 주로 유동성을 선호하는 경향을 설명합니다. 즉, 사람들은 돈을 보유하고 싶어하는데, 이는 불확실한 상황에서 금융 자산을 보유할 때 얻는 혜택과 관련이 있습니다.

유동성 위험 Liquidity Risk
특정 자산이나 투자가 시장에서 판매하기 어렵거나 손실을 입을 가능성을 나타냅니다. 유동성이 낮은 자산은 보유자가 급한 현금 필요나 다른 자산으로 교환하기 어려울 수 있으므로 유동성 위험을 갖습니다.

유동성 함정 Liquidity Trap
중앙은행이 기본 금리를 낮춰도 경제 주체들이 현금을 보유하기에 충분한 현금을 갖고 있어 추가로 돈을 빌리거나 투자하지 않는 상황을 나타냅니다. 이는 경제의 침체 기간에 주로 발생하며 중앙은행의 통화 정책이 효과가 없을 수 있습니다.

유통 공급망 Supply Chain
상품이 제조되어 소비자에게 도달하는 과정의 네트워크를 의미합니다. 이 네트워크는 원자재 생산, 생산, 유통, 소매, 그리고 최종 소비자까지의 다양한 단계와 당사자를 포함합니다.

유효수요의 원리 Principle of Effective Demand
케인스 경제학에서 중요한 원리 중 하나로, 경제는 유효수요와 공급이 일치할 때 최적의 상태에 도달한다고 주장합니다. 즉, 수요와 공급이 일치하지 않으면 경제 침체나 부족의 원인이 될 수 있습니다.

윤리경제학 Ethical Economics
이기적인 이익 추구가 아닌 도덕적 원칙과 사회적 책임을 경제 활동에 통합하려는 경제 이론과 연구를 나타냅니다. 이는 돈을 벌기보다

경제기사를 읽는데 용어를 모른다고

사회적 이익과 윤리를 중요시하는 비즈니스 모델을 탐구합니다.

은행 Bank

금융 중개 역할을 하는 기관으로, 예금을 받아들이고 대출을 부여하며 기타 금융 서비스를 제공합니다. 은행은 경제 시스템의 중요한 부분으로, 예금은행, 투자은행, 상업은행 등 다양한 유형의 은행이 있습니다.

이윤 Profit

기업 또는 개인이 수익과 비용의 차이로 얻는 금전적인 이익을 나타냅니다. 이는 경제 활동에서의 중요한 동기 중 하나이며, 기업의 성공과 부가가치 창출과 관련이 있습니다.

이익 최대화 Maximization of Profit

기업의 주요 목표 중 하나로, 주어진 자원과 조건에서 이익을 최대한 높이려는 노력을 의미합니다. 이는 경제학에서 중요한 개념 중 하나이며, 기업의 의사결정에 큰 영향을 미칩니다.

이자부담 Interest Burden

대출 또는 부채로 인해 발생하는 이자 비용을 나타냅니다. 이자부담은 기업이나 개인이 부채를 관리하고 이자 지불을 포함한 재정 계획을 세울 때 고려해야 하는 중요한 요소입니다.

이자율 Interest Rate

돈을 빌리거나 예금에 대한 금융 보상을 나타내는 비율로, 대출금리와 저축금리로 구분됩니다. 이자율은 금융 시장에서 자금 이동을 조절하고 금융 제도의 중심 역할을 합니다.

이전지불제한 Balance of Payments

어느 기간 동안 한 나라가 다른 나라와의 경제 활동에서 수출, 수입,

이자 지급, 이자 수입 등을 포함한 결제 수입과 결제 지출의 균형을
나타내는 경제 지표입니다.

이중양립 Double Counting
경제학자들이 경제 활동을 분석할 때 중복 계산 문제를 가리킵니다.
즉, 특정 상품이 여러 단계에서 카운트되어 총 경제 활동량이 과장되
는 문제를 말합니다.

인센티브 Incentive
개인, 기업 또는 정부에 의해 특정 행동을 유도하거나 촉진하기 위해
제공되는 보상 또는 장려 방법을 나타냅니다. 경제학에서 인센티브는
의사결정과 경제 활동을 조절하고 향상시키는 데 중요한 역할을 합니
다.

인플레이션 위험 Inflationary Risk
투자 또는 금융 결정을 할 때 인플레이션의 영향을 고려해야 함을 나
타냅니다. 물가가 상승하면 투자와 금융 계획에 부정적인 영향을 미
칠 수 있습니다.

일물일가의 법칙
경제학에서 사용되는 개념으로, 다른 조건이 모두 동일한 경우 물건
의 가격과 공급량은 상호 연관되어 있다는 원리를 나타냅니다.

임금인상 Wage Increase
노동자의 급여 또는 임금이 이전에 비해 상승하는 것을 의미합니다.
임금인상은 노동자의 구매력을 높이고 소비를 촉진하는데 영향을 미
칩니다.

임금피라미드 Wage Pyramid
조직 내에서 다양한 직급과 역할을 가진 직원들의 임금을 표시하는

그래픽 형태입니다. 상위 직급의 임금이 하위 직급에 비해 높은 것이 특징입니다.

자동안전장치 Built-in Stabilizer

경제가 급격한 변동에 대비하고 안정성을 유지하기 위해 내재적으로 작용하는 요소나 정책을 의미합니다. 이러한 요소와 정책은 경제의 변동을 완화하는데 도움을 줍니다.

자본 Capital

생산적인 활동을 지원하고 미래의 가치 창출을 위해 투자되는 경제 자원을 나타냅니다. 이는 장비, 시설, 돈, 기술 및 다른 생산적 자산을 포함합니다.

자본물건 Capital Goods

기업이 생산적 활동을 위해 사용되는 장비, 도구, 시설 및 다른 유형의 생산적 자산을 가리킵니다. 이러한 자본물건은 다른 상품 또는 서비스의 생산에 사용됩니다.

자본시장 Capital Market

주식 시장과 채권 시장을 포함하여 자본 자산의 매매 및 교환이 이루어지는 장소 또는 시스템을 의미합니다. 자본시장은 기업과 투자자 간의 자금 유입과 유출을 지원하며 투자 기회를 제공합니다.

자본유동성 Capital Liquidity

자본 또는 자산을 현금화할 수 있는 능력을 나타내며, 자본을 다른 형태의 자산으로 전환하는 유연성을 의미합니다.

자본재 Capital Goods

이 용어는 '자본물건'과 동일한 개념을 가리키며, 기업이 다른 상품 또는 서비스의 생산에 사용하는 생산적 자산을 의미합니다.

자본시장통합법

자본 시장 활동을 규제하고 통제하는 법률 및 규정을 나타내며, 금융 시스템의 안정성과 투자자 보호를 목표로 합니다.

자본주의 Capitalism

경제 체제로서 개인 및 기업이 생산 수단을 소유하고 운영하는 시스템을 의미합니다. 시장 경제와 경쟁이 중요한 역할을 하며 이익 추구와 경제 성장이 중요한 가치로 여겨집니다.

자본지출 Capital Expenditure

기업이 장비, 부동산, 시설 또는 다른 생산적 자산을 구입하거나 유지하는데 지출하는 돈을 나타냅니다. 이는 기업의 생산 능력을 향상시키는 데 사용됩니다.

자원배분 Allocation of Resources

유한한 경제 자원을 다양한 용도로 할당하는 과정을 가리킵니다. 이 과정은 어떤 재화와 서비스를 어느 부문 또는 용도에 사용할 것인지 결정하는 데 관련되며, 효율적인 자원 배분은 경제의 효율성을 향상시키는 데 중요합니다.

자유시장경제 Free Market Economy

정부의 간섭을 최소화하고 시장 메커니즘을 중심으로 경제가 운영되는 경제 체제를 나타냅니다. 공급과 수요에 의해 가격이 형성되며, 기업과 소비자가 경제 주체입니다.

경제기사를 읽는데 용어를 모른다고

자유무역 Free Trade

국가 간에 무역 장벽을 최소화하거나 제거하는 원칙을 의미합니다. 이것은 국가 간 무역 활동을 촉진하며 국가와 소비자에게 다양한 이점을 제공합니다.

자유방임주의 Laissez-faire

정부의 개입을 최소화하고 경제 활동을 시장의 자유로운 기능에 맡기는 경제 철학 또는 체제를 나타냅니다. 이러한 접근 방식은 자유 시장 경제의 중요한 특징 중 하나입니다.

재무제도 Financial Institutions

돈과 금융 자산을 관리하고 거래하기 위한 조직 및 시스템을 가리킵니다. 은행, 증권회사, 보험회사 및 투자회사와 같은 조직이 재무제도에 속합니다.

재무건전성 Financial Soundness

기업, 금융 기관 또는 개인의 금융 상태가 안정적이고 건전한지를 나타내는 말입니다. 재무건전성이 있는 경우, 이는 금융 위험을 줄이고 금융 시스템의 안정성을 유지하는 데 도움이 됩니다.

재무불균형 Financial Imbalance

수입과 지출, 자산과 부채, 저축과 투자 등 금융 요소 간의 불균형을 나타냅니다. 이러한 불균형은 경제의 불안정성과 위험을 증가시킬 수 있습니다.

재무안정성 Financial Stability

금융 시스템이 건전하게 작동하고 금융 위기에 대비하며 안정적인 금융 상태를 유지하는 데 중요한 요소입니다.

재무자유 Financial Freedom

개인과 기업이 자유로운 경제 활동을 수행하고 자유로운 금융 시스템을 이용하는 능력을 나타내며, 경제적 자유와 관련된 개념 중 하나입니다.

재정적자 Budget Deficit

정부의 지출이 정부 수입을 초과하는 재정 상태를 나타냅니다. 이는 정부가 빚을 증가시킬 가능성이 있으며, 재정적자를 감소시키는 방법에 대한 정책 논의가 주요 주제입니다.

재정관세 Revenue Tariff

정부가 물품의 수입 또는 수출에 부과하는 세금입니다. 이러한 관세는 주로 수입세나 수출세로서, 정부의 수입원으로 활용되기 때문에 '재정'이라는 용어가 사용됩니다.

재정정책 Fiscal Policy

정부가 경제를 조절하고 경기를 안정화하기 위해 채택하는 경제 정책입니다. 이는 정부의 지출, 세금, 그리고 재정적 조치를 통해 경제 활동을 관리하고 조절하는 것을 포함합니다.

재화와 서비스 Goods & Service

경제에서 생산되거나 거래되는 유형의 물품과 서비스를 의미합니다. '재화'는 물질적인 상품을, '서비스'는 물질적이지 않은 서비스 활동을 나타냅니다.

저금리 환경 Low-Interest Rate Environment

중앙은행이 기본금리를 낮추어 시장에서 저금리를 유지하는 상황을 의미합니다. 이러한 환경에서는 대출이 유리해지고 투자가 촉진될 수 있습니다.

경제기사를 읽는데 용어를 모른다고

적자 국가 Deficit Nation

수출보다 수입이 많은 국가를 가리킵니다. 이로 인해 국가는 외국으로부터 자국 통화를 지불하고 부족한 금액을 차입해야 할 수 있습니다.

전략적 무역 Strategic Trade

국가 간의 무역에서 전략적인 이점을 얻기 위해 채택되는 정책을 의미합니다. 이는 일반적으로 수출 산업을 지원하고 보호하기 위해 채택되며, 경제 성장을 촉진하기 위한 전략적 목적을 달성하려는 노력을 반영합니다.

전략적 행동 Strategic Behavior

경제 주체가 전략적으로 시장에서 행동하고 다른 경제 주체의 결정에 영향을 주는 행위를 나타냅니다. 이러한 행동은 시장에서 경쟁, 협력 및 전략을 조절하는 데 중요한 역할을 합니다.

전통적 경제학 Traditional Economics

고전적인 경제 이론과 원칙을 연구하는 분야를 가리킵니다. 이는 시장 경제, 공급과 수요, 경제 주체 등의 개념에 중점을 두며, 기본적인 경제 이론을 다룹니다.

절대 우위 Absolute Advantage

특정 국가나 경제 주체가 다른 국가나 경제 주체보다 더 효율적으로 특정 물품 또는 서비스를 생산할 수 있는 능력을 의미합니다. 이를 통해 국가는 다른 국가에 비해 생산력이 뛰어난 특정 산업에 특화될 수 있습니다.

절대적 잉여가치 Absolute Surplus Value

노동자가 생산에 기여한 노동량보다 노동자에게 지불된 임금 이상의 가치를 생성하는 경제적 개념입니다. 이는 마르크스주의에서 중요한 개념으로 사용되며, 자본주의와 노동력에 대한 비판적 이해를 나타냅니다.

정보 불완전성 Information Asymmetry

시장에서 거래하는 양측 중 한 쪽이 다른 쪽보다 더 많은 정보를 가지고 있는 상황을 나타냅니다. 이로 인해 시장에서의 거래가 부당하거나 비효율적으로 이뤄질 수 있으며, 이로 인한 경제 효율성 저해가 발생할 수 있습니다.

정부 Government

국가의 행정 및 규제 역할을 담당하는 중요한 기관입니다. 이는 법률의 제정, 예산 관리, 국방, 교육, 건강관리, 그리고 사회 복지 프로그램 운영 등 다양한 기능을 수행합니다.

정부실패 Government Failure

정부가 정책을 시행하거나 공공재를 관리할 때 예상치 못한 부정적 결과나 비효율성이 발생하는 상황을 나타냅니다. 이로 인해 정부의 역할이 경제나 사회에 해를 끼칠 수 있습니다.

정부지출 Government Spending

정부가 공공 서비스 제공, 인프라 투자, 사회 복지, 국방 등 다양한 분야에 돈을 투자하는 것을 의미합니다. 이는 경제에 영향을 미치며, 경기 부양과 사회 발전을 지원하기 위한 주요 정책 수단 중 하나입니다.

제한적 합리성 Bounded Rationality

경제 주체가 모든 정보를 수집하고 무제한으로 합리적인 결정을 내리지 못하며, 제한된 정보와 시간 내에서 의사결정을 하는 경향을 나타냅니다. 이는 실제 세계에서의 의사결정 과정을 반영합니다.

경제기사를 읽는데 용어를 모른다고

죄수의 딜레마 Prisoners' Dilemma

게임 이론에서 나오는 상황으로, 두 명 이상의 개인이 자기 이익을 극대화하려는 선택이 전체적으로는 부적절한 결과를 초래하는 경우를 나타냅니다. 이는 협력 부족으로 모든 참가자가 손해를 입을 수 있는 상황을 보여줍니다.

주글라파동 Juglar Cycle

경제 사이클 이론 중 하나로, 비즈니스 사이클에서 7~11년 정도의 주기를 갖는 단기 경기 주기를 나타냅니다. 주로 투자와 생산에 영향을 미치며, 경기의 확장과 후퇴를 나타냅니다.

준비예금제도 Reserve Deposit Requirement System

중앙은행이 은행에 요구하는 최소한의 예금을 정하는 정책입니다. 이를 통해 중앙은행은 통화 공급을 조절하고 금융 시스템 안정성을 유지하는 역할을 합니다.

중간재 Intermediate Product

생산 과정에서 최종 소비자에게 판매되기 전에 다른 생산단계에서 사용되는 제품을 의미합니다. 이는 최종 제품을 만들기 위한 중요한 부품이며, 생산 과정에서 중간 단계에서 사용됩니다.

중국모델 China Model

중국의 경제와 정치 체제를 설명하기 위한 개념으로 사용됩니다. 이 모델은 중앙집권적인 정치와 시장 경제의 결합, 경제 개방 및 증가, 그리고 사회주의 특징을 강조합니다.

중립적 기준금리 Neutral Interest Rate

경제가 자체의 장기적 안정성을 유지하는 데 필요한 기준금리 수준을 나타냅니다. 이는 인플레이션을 관리하고 경제 성장을 지원하기 위한 중앙은행의 기준금리를 결정하는 데 중요한 요소입니다.

중소기업 Small and Medium-sized Enterprises, SMEs

기업 규모가 대기업보다 작고, 일반적으로 종업원 수나 연간 매출 기준으로 정의됩니다. 중소기업은 경제 발전과 고용 창출에 중요한 역할을 합니다.

중앙은행 Central Bank

국가의 통화 발행과 통화 정책 수립, 금융 시스템 안정성 유지, 외환 보유 및 금융 기관 감독 등의 역할을 수행하는 국가의 중요한 금융 기관입니다.

지급준비제도 Reserve Requirement System

중앙은행이 은행에게 예금을 유지하기 위해 필요한 최소한의 금액을 설정하는 정책입니다. 이는 통화 공급을 조절하고 금융 시스템 안정성을 유지하기 위해 사용됩니다.

지니계수 Gini Coefficient

소득 불평등의 정도를 나타내는 통계적 지표로, 0에서 1 사이의 값을 가집니다. 값이 0에 가까울수록 소득 평등을 나타내며, 값이 1에 가까울수록 소득 불평등을 나타냅니다.

지배기업 Dominant Firm

특정 시장에서 다른 기업들을 압도하는 크기와 권력을 갖는 기업을 나타냅니다. 이러한 기업은 종종 시장에서 독점적인 위치를 가지며, 시장 가격과 생산을 조절할 수 있습니다.

지속가능 경제 Sustainable Economy

자연환경 및 사회적 요소를 고려하며, 경제 활동을 지속 가능하게 유지하려는 경제 모델을 나타냅니다. 이는 자원 소모, 환경 파괴, 사회적

경제기사를 읽는데 용어를 모른다고

불평등 등을 줄이기 위한 노력을 포함합니다.

지속가능성 Sustainability
자원과 환경을 보호하면서 사회적 및 경제적 발전을 지속 가능하게 유지하는 노력과 원칙을 나타냅니다. 이는 장기적인 시각에서 생태계와 사회의 안녕을 고려한 발전을 의미합니다.

지식 경제 Knowledge Economy
지식과 정보를 중심으로 경제 활동이 이루어지는 경제 모델을 나타냅니다. 이는 연구 및 개발, 기술 혁신, 교육, 정보 기술, 지식 기반 서비스 등을 강조하며 경제 성장을 촉진합니다.

지역 무역협정 Regional Trade Agreement
두 개 이상의 국가 또는 지역이 서로의 무역 관계를 개선하거나 확대하기 위해 체결한 협정을 나타냅니다. 이는 관세 인하, 무역 규칙 조정, 경제 통합 등을 목적으로 할 수 있습니다.

지역간 경제 격차 Regional Economic Disparities
한 지역과 다른 지역 간의 경제적으로 큰 차이나 불평등을 나타내며, 주로 소득, 고용, 교육, 인프라 등에서 발생합니다.

지출국민소득 Expenditure National Income
국민 전체의 소비, 투자, 정부 지출 및 순수출을 통해 측정되는 국민소득의 측정 방법 중 하나입니다. 이를 통해 국민 소득의 사용 및 지출 패턴을 파악할 수 있습니다.

지표금리 Policy Rate
중앙은행이 시장 금리를 조절하는 데 사용하는 기준금리를 의미합니다. 이는 통화정책의 중요한 요소로 사용되며, 경제 안정성과 인플레이션 관리를 위해 조절됩니다.

직업 훈련 Job Training

개인이나 직장 종사자가 새로운 기술, 역량, 또는 직무를 습득하고 개선하기 위해 받는 교육 및 훈련을 나타냅니다. 이는 직업적 발전과 경력 향상을 지원하는 데 사용됩니다.

집행률 Execution Rate

특정 계획, 프로젝트, 정책 또는 목표를 실제로 실행하고 완수한 비율을 나타내는 지표입니다. 이는 계획과 실행 간의 일치를 측정하고 성과를 평가하는 데 사용됩니다.

차별재 Discrimination Goods

특정 인종, 성별, 연령 또는 기타 인구 특성을 기반으로 판매되거나 구매되는 상품이나 서비스를 의미합니다. 이는 차별적이거나 불공평한 대우를 받을 수 있는 사회 이슈를 반영합니다.

채권시장 Bond Market

정부, 기업, 또는 기타 기관이 채무를 발행하고 매매하는 시장을 나타냅니다. 채권은 고정 소득 투자의 일환으로 사용되며, 투자자들 간에 채권을 거래할 수 있는 시장을 의미합니다.

총공급 Aggregate Supply

전체 경제에서 생산될 수 있는 재화와 서비스의 양을 나타내는 경제학적 개념입니다. 이는 시장의 공급 측면을 이해하고, 생산과 생산요소의 활용을 분석하는 데 사용됩니다.

총공급곡선 Aggregate Supply Curve

시장에서 제공되는 총 재화와 서비스의 양을 나타내는 그래프입니다.

경제기사를 읽는데 용어를 모른다고

이 곡선은 가격 수준과 총 공급 양 간의 관계를 나타내며, 경제의 단기 및 장기 공급 측면을 보여줍니다.

총비용 Total Cost

기업이 생산 및 운영 과정에서 발생하는 총비용을 나타냅니다. 이는 고정비용과 가변비용을 합한 것으로, 생산량과 생산활동에 따라 변동합니다.

총수요 Aggregate Demand

전체 경제에서 특정 시기에 모든 재화와 서비스에 대한 수요의 총합을 나타냅니다. 이는 소비자, 기업, 정부 및 해외 수출로부터의 수요를 포함합니다.

총수요곡선 Aggregate Demand Curve

시장에서의 가격 수준과 총수요 간의 관계를 시각적으로 나타낸 그래프입니다. 이 곡선은 가격이 변함에 따라 총수요가 어떻게 변화하는지 보여줍니다.

총수입 Total Revenue

기업이 특정 제품 또는 서비스의 판매로 얻는 총 수익을 의미합니다. 이는 판매 가격과 판매량을 곱한 값으로 계산됩니다.

최적화 행동 Optimizing Behavior

경제 주체가 유리한 결과를 얻기 위해 자원 할당 및 의사결정을 최적화하려는 경향을 나타냅니다. 이는 비용을 최소화하거나 이익을 극대화하기 위한 논리적인 의사결정을 포함합니다.

최종생산물 Final Produc

생산 과정의 종료 단계에서 나오는 제품 또는 서비스를 의미합니다. 이는 소비자에게 직접 제공되거나 다른 기업 또는 개인에게 판매되는 제품을 나타냅니다.

카르텔 Cartel
여러 기업이 공동으로 시장을 통제하고 가격을 조정하기 위해 협력하는 경제 조직을 의미합니다. 이는 일반적으로 과잉 경쟁을 방지하고 이익을 극대화하기 위한 목적으로 형성됩니다.

코스의 정리 Coase Theorem
외부성 문제와 관련된 경제 이론으로, 자원 할당 문제를 사적인 협상을 통해 해결할 수 있다는 주장을 제기합니다. 이론은 경제 주체 간의 협상과 재배분을 통해 효율적인 결과를 얻을 수 있다는 원칙을 강조합니다.

콘드라티예프 파동 Kondratiev Wave
경제사이클 이론 중 하나로, 장기적인 경기 주기를 분석하는데 사용됩니다. 이 파동은 40~60년 주기로 장기적 경기 패턴을 설명하며, 기술 혁신과 경제 성장을 강조합니다.

쿠즈네츠 파동 Kuznets Curve
경제학자 시몬 쿠즈네츠(Simon Kuznets)에 의해 개발된 개념으로, 경제 개발과 소득 불평등 간의 관계를 나타냅니다. 이론에 따르면 소득 불평등은 경제가 성장하고 일정 수준에 이를 때 감소할 것으로 예측됩니다.

키친 파동 Kitchin Cycle
비즈니스 사이클 이론 중 하나로, 짧은 경기 주기를 나타냅니다. 주로 재고와 생산량의 변동을 분석하며, 수요와 공급 간의 상대적인 변화

경제기사를 읽는데 용어를 모른다고

에 영향을 받습니다.

탄력성 Elasticity
가격이나 수요에 대한 변화에 대한 반응의 정도를 나타내는 지표입니다. 가격 탄력성, 수요 탄력성 등이 있으며, 이는 가격 변화에 따른 수량 변화를 분석하는 데 사용됩니다.

탄력적 공급 Elastic Supply
가격 변화에 민감하게 반응하는 공급 상태를 나타냅니다. 가격이 상승하면 공급량이 증가하고, 가격이 하락하면 공급량이 감소하는 경우를 의미합니다.

탄소배출권 Carbon Emissions Trading
온실 가스 배출을 규제하기 위한 정책으로, 기업이 특정 양의 온실 가스를 배출하기 위한 권리를 보유하거나 거래하는 시스템을 나타냅니다. 이를 통해 친환경적인 실천을 장려하고 온실 가스 배출을 제한하는 데 사용됩니다.

통제가격 Price Ceiling
정부나 규제 기관이 특정 제품 또는 서비스의 최고 허용 가격을 제한하는 정책을 나타냅니다. 이를 통해 소비자의 이익을 보호하거나 인플레이션을 억제하기 위해 사용될 수 있습니다.

통화 Currency
국가에서 공식적으로 사용되는 돈을 의미합니다. 각 국가마다 고유한 통화를 가지고 있으며, 이를 통해 상품 및 서비스의 거래가 이루어집니다.

통화량 Money Supply

시장에서 순환하는 돈의 총량을 나타냅니다. 이는 현금, 예금, 또는 기타 금융자산을 포함하며, 통화정책 및 경제 활동을 조절하는 데 중요한 역할을 합니다.

통화리스크 Currency Risk

외환 시장에서 통화 가치의 변동으로 인해 발생하는 금융 리스크를 나타냅니다. 통화리스크는 국제 거래나 투자에서 특히 중요한 역할을 합니다.

통화스와프 Currency Swap

두 국가나 기업 간에 서로 다른 통화로 발생하는 금융 의무를 교환하는 금융 거래를 의미합니다. 이를 통해 외환 리스크를 관리하거나 금융 비용을 절감할 수 있습니다.

통화접속 Currency Peg

한 국가의 통화 가치를 다른 통화에 고정시키는 통화 정책을 의미합니다. 이는 주로 외환 시장에서 통화 가치의 변동을 제한하고 안정성을 유지하기 위해 사용됩니다.

통화주의 Monetarism

경제 이론과 정책 중 하나로, 통화 공급과 확장에 따른 물가와 경제 변동에 대한 영향을 강조합니다. 미국의 경제학자 밀턴 프리드먼(Milton Friedman)과 관련되며, 통화 공급을 안정시키는 것이 경제 안정성을 유지하는 핵심 요소라고 주장합니다.

통화학 Currency War

다수의 국가가 자국 통화 가치를 인위적으로 저평가하거나 경쟁을 통해 수출을 촉진하려는 경제 정책을 펼치는 상황을 나타냅니다. 이는

경제기사를 읽는데 용어를 모른다고

국제 무역 관계에서 긴장을 유발할 수 있습니다.

투명성 Transparency

조직, 기업, 또는 정부의 활동과 의사결정 과정이 공개적이고 명확하게 투영되며, 외부에서 이해하기 쉬운 상태를 의미합니다. 투명성은 신뢰 구축과 책임성을 촉진하기 위해 중요한 역할을 합니다.

투자 Investment

자금을 특정 자산, 프로젝트, 또는 기업에 투입하는 행위를 나타냅니다. 이를 통해 재무적 이익을 추구하거나 장기적인 경제 성장을 지원하기 위해 자금을 운용합니다.

투자 속성 Investment Attributes

투자 대상 자산이나 프로젝트의 특성을 나타내며, 이익, 리스크, 유동성, 기간, 성과 등을 포함합니다. 투자 속성을 평가하여 투자 결정을 내립니다.

투자부진 Investment Slump

경제에서 기업들이 투자 활동을 줄이거나 늦추는 상황을 의미합니다. 이는 경기 침체, 불확실성 증가, 높은 비용 등으로 인해 발생할 수 있습니다.

투자수익률 Return on Investment, ROI

투자로 얻은 이익을 초기 투자액으로 나눈 비율을 나타내는 지표입니다. 이는 투자의 수익성을 평가하고 비교하는 데 사용됩니다.

투자은행 Investment Bank

기업과 정부에 금융 관련 서비스를 제공하는 금융 기관을 의미합니다. 이들은 자금 조달, 합병과 인수, IPO 등 다양한 금융 거래와 관련된 서비스를 제공합니다.

투자의견 Investment Recommendation

자산을 다양한 자산, 예를 들어 주식, 채권, 부동산 또는 다른 투자 수단으로 할당하기 위한 전문가의 제안입니다. 이러한 추천은 일반적으로 투자자의 금융 목표, 리스크 허용도 및 시장 상황을 기반으로 합니다. 금융 자문가, 분석가 및 기관은 종종 투자자가 정보에 기반한 투자 결정을 내릴 수 있도록 투자의견을 제공합니다.

투자자 Investor

수익을 얻을 것으로 예상하고 자본을 할당하는 개인 또는 단체입니다. 투자자는 개인, 기관 또는 정부 등 다양한 형태를 가질 수 있으며 주식, 채권, 부동산 또는 스타트업과 같은 다양한 금융 수단에 투자하여 이익을 창출하거나 소득을 얻거나 특정 금융 목표를 달성하는 것을 목표로 합니다.

투자자심리 Investor Psychology

투자자의 의사결정 과정에 영향을 미치는 감정 및 심리적 요인을 의미합니다. 두려움, 욕심, 과신 및 인지적 편향과 같은 감정이 투자 결정에 어떻게 영향을 미칠 수 있는지를 포함합니다. 투자자심리를 이해하는 것은 투자자와 금융 전문가 모두가 합리적이고 정보에 근거한 결정을 내릴 수 있도록 중요합니다.

트레이드오프 Trade-off

하나를 얻기 위해 다른 것을 희생해야 하는 의사결정 개념입니다. 경제학과 금융 분야에서 트레이드오프는 자원을 할당하거나 원하는 특징을 얻기 위해 다른 특징을 희생해야 하는 선택을 포함합니다. 예를 들어, 투자에서는 위험과 수익 사이에 희생의 트레이드오프가 종종 발생하며, 높은 잠재적 수익은 높은 위험과 관련될 수 있습니다.

경제기사를 읽는데 용어를 모른다고

특화 Specialization

개인, 기업 또는 국가가 상대적 이점을 가지고 있는 제품 또는 서비스 범위를 생산하는 경제 개념입니다. 최고로 자신들이 잘하는 분야에 특화함으로써 효율성과 생산성을 높일 수 있으며, 이로 인해 경제 성장과 특화된 기업 또는 개체 간의 무역이 증가합니다.

파산 Bankruptcy

채무를 상환할 수 없는 개인 또는 기업이 채권자로부터 보호를 요청하는 법적 절차입니다. 이의 목표는 부채를 재구조화하여 상환을 더 용이하게 만드는 것(미국의 경우 Chapter 11) 또는 자산을 처분하여 채권자에게 상환하는 것(미국의 경우 Chapter 7) 중 하나입니다. 파산법은 관할 지역에 따라 다릅니다.

포크 정리 Folk Theorem

게임 이론의 개념으로, 특히 반복 게임에서 나타납니다. 이는 무기한으로 반복되는 게임에서 다양한 결과가 협력 전략에서 어긋나지 않도록 지속적으로 유지될 수 있다는 개념을 제시합니다. 이 정리는 플레이어가 시간이 지남에 따라 서로 벌하거나 할 수 있는 상황에서 협력을 설명하는 데 도움을 줍니다.

플로 Flow

주로 경제에서 돈, 상품 또는 서비스의 이동을 나타내는 용어입니다. 수입 플로, 무역 플로 또는 투자 플로와 같이 경제 내에서 특정 기간 동안 이동하는 것을 의미합니다. "플로"는 주로 금융과 경제 분야에서 사용되며, 자금, 상품 또는 서비스의 움직임을 추적하고 분석하는 데 중요한 역할을 합니다.

피구세 Pigovian Tax

외부성(externalities)을 해결하기 위해 도입된 세금을 나타냅니다. 외부성은 어떤 경제 활동이 다른 개체나 사회에 부정적이거나 긍정적인 영향을 미치는 경우를 의미합니다. 피구세는 부정적 외부성을 줄이거나 긍정적 외부성을 증가시키기 위해 도입되며, 피구세를 부과하는 경우 경제 주체를 해당 외부성을 내재화시키도록 유도하거나 보상합니다. 일반적으로 환경 보전을 위해 오염세와 같은 형태로 사용됩니다.

하이퍼-인플레이션 Hyperinflation

통화의 가치가 급속하게 하락하고 물가가 폭발적으로 상승하는 경제 현상을 나타냅니다. 이는 통화의 구매력이 급격하게 감소하며, 통화가 거의 가치를 상실하는 상황을 의미합니다. 하이퍼-인플레이션은 경제 불안, 통화 폐기, 무질서, 사회 불안과 같은 심각한 경제 및 사회 문제를 야기할 수 있습니다.

한계분석 Marginal Analysis

경제학에서 사용되는 분석 방법 중 하나로, 추가적인 단위의 활동이나 결정이 어떻게 변화를 가져오는지를 이해하는 데 사용됩니다. 한계분석은 한계비용과 한계수익을 비교하여 최적의 결정을 내리는 데 도움을 줍니다.

한계생산 체감의 법칙 Law of Diminishing Marginal Productivity

경제학의 원리 중 하나로, 추가 고용 요소(노동 또는 자본)가 일정한 생산요인(예를 들어, 노동)과 결합될 때, 생산성이 감소한다는 원리를 나타냅니다. 즉, 처음에는 추가 요인의 도입으로 생산성이 상승하나, 이후에는 한계생산량이 감소하게 됩니다.

한계생산물 Marginal Product
추가적인 단위의 생산요인(노동, 자본 등)을 적용할 때 얻는 추가 생산량을 나타냅니다. 한계생산물은 생산성 변화와 관련된 중요한 경제지표 중 하나입니다.

한계수입 Marginal Revenue
추가 판매 또는 생산으로 얻는 추가 수익을 나타냅니다. 이것은 가격과 수량 간의 관계에서 중요한 역할을 합니다. 수익 최적화를 위해 한계수입과 한계비용이 비교됩니다.

한계이익 Marginal Benefit
추가적인 활동, 제품 또는 서비스를 통해 얻는 추가적인 이익을 의미합니다. 한계이익은 선택적 결정을 내릴 때 혜택을 고려할 때 중요한 개념이며, 한계비용과 비교하여 최적의 결정을 내릴 때 사용됩니다.

한계혁명 Marginal Revolution
경제학에서의 중요한 개념적 변화를 나타냅니다. 이 개념은 19세기 말에 경제학자들이 한계주의와 한계이익에 대한 연구를 통해 경제학의 발전을 이끈 혁명을 지칭합니다. 이 혁명은 경제 이론과 분석 방법을 현대적으로 형성하게 되었습니다.

한계효용 체감의 법칙 Law of Diminishing Marginal Utility
소비자 이론에서 중요한 개념으로, 동일한 상품이나 서비스의 연이은 소비로 인해 한계효용(만족도)가 감소한다는 원리를 나타냅니다. 다시 말해, 처음으로 소비할 때는 높은 만족감을 얻지만, 연이은 소비로 인해 추가적인 만족감은 줄어든다는 것을 의미합니다.

한정된 정보 Limited Information

의사 결정을 내리거나 행동하는 데 사용 가능한 정보가 부족한 상태를 나타냅니다. 경제 에이전트가 완전한 정보에 액세스하지 못할 때 정보의 한정성은 의사 결정과 시장 행동에 영향을 미칠 수 있습니다.

할인현재가치 Present Discounted Value

미래의 현금 흐름을 현재 가치로 환산하는 과정을 나타냅니다. 이것은 시간 가치의 개념으로, 미래의 돈은 현재의 돈보다 가치가 더 적다고 가정합니다. 할인율을 사용하여 미래의 현금 흐름을 현재 가치로 계산합니다.

합리적 기대 Rational Expectations

경제 주체들이 미래의 사건을 예측하는 데 합리적으로 논리적이고 정보를 활용하며, 예상치와 실제 결과 간의 차이가 없다고 가정하는 이론입니다. 이 개념은 경제 모델링에서 중요한 역할을 하며, 경제 주체들이 최선의 예상치를 형성하고 행동한다고 가정합니다.

합성의 오류 Fallacy of Composition

개별적인 결정이나 상황의 특성을 단순히 전체에 적용할 때 범하는 논리적 오류를 나타냅니다. 개별적으로 옳은 결정이 모두 합쳐져 전체로 봤을 때 옳지 않을 수 있다는 것을 강조합니다.

행동경제학 Behavioral Economics

실제 경제 에이전트의 행동과 의사 결정에 인간 행동과 심리학적인 측면을 통합하는 경제학 분야입니다. 이 분야는 어떻게 인간 심리, 행동, 편견, 인과 관계 등이 경제 의사 결정에 영향을 미치는지 연구합니다.

헤지펀드 Hedge Fund

전문 투자자들이 운용하는 투자 기금으로, 다양한 전략과 자산 종류에 투자합니다. 헤지펀드는 주로 수익을 극대화하고 리스크를 관리하려는 목적으로 운용되며, 종종 대부분의 투자자에게 제한된 투자 기회를 제공합니다.

협상 Negotiation

두 이상의 당사자 간에 의견 차이나 이해 관계를 해결하기 위해 양쪽이 서로 타협하거나 합의를 이루는 과정을 의미합니다. 협상은 비즈니스, 정치, 법률, 국제 관계 및 다른 다양한 상황에서 중요한 역할을 합니다.

혼합경제 Mixed Economy

시장 경제와 중앙 계획 경제 요소가 혼합된 경제 시스템을 나타냅니다. 이는 시장 경제의 개별 기업과 중앙 정부의 규제 및 사회적 프로그램이 함께 존재하는 경제 시스템을 의미합니다.

화폐 Money

교환 매체로 사용되는 보편적으로 수용되는 가치 저장 및 거래 수단입니다. 화폐는 거래, 상거래 및 자금 이체를 위한 중요한 도구로 사용됩니다.

환율정책 Exchange Rate Policy

정부나 중앙은행이 국내 통화의 외환 환율을 조절하거나 관리하는 방식을 나타냅니다. 환율정책은 고정 환율, 부동 환율, 미세 조정 및 외환 국제시장 개입과 같은 다양한 형태를 취할 수 있습니다.

효과적인 수요 Effective Demand

시장에서 실제로 소비자들이 구입하려고 하는 제품 또는 서비스의 총

수요를 나타냅니다. 이것은 가격과 수량에 따라 변하는 수요 곡선에서 나온 개념이며, 시장에서 균형 가격과 균형 수량을 결정하는데 중요한 역할을 합니다.

효용 Utility

경제학에서 소비자가 제품이나 서비스로부터 얻는 만족도 또는 이익을 나타냅니다. 효용은 개인의 선호와 가치 판단에 따라 변동하며, 소비자 이론과 소비자 선택 이론에서 중요한 개념입니다.

효용최대화 Utility Maximization

경제학에서 소비자가 주어진 예산 제약 하에서 최대 효용을 얻기 위해 상품이나 서비스를 어떻게 선택할지에 관한 개념입니다. 소비자는 주어진 예산 내에서 가장 만족스러운 선택을 하는 것을 목표로 합니다.

효율성 Efficiency

자원을 최대한 효과적으로 활용하고 결과를 최적화하는 데 관련된 개념입니다. 경제에서 효율성은 자원배분, 생산, 및 분배에서 중요한 역할을 하며, 효율적 시장 가설(EMH)과 같은 이론에서 강조됩니다.

효율적 시장 가설 Efficient Market Hypothesis, EMH

시장 가격이 모든 공개 정보를 반영하며, 투자자들이 어떠한 추가 정보나 분석을 통해 꾸준히 초과 수익을 얻기 어렵다는 주장을 나타냅니다. 이 가설은 투자 분석 및 자산 가격 형성 이론과 관련이 있습니다.

효율적 자원배분 Efficient Resource Allocation

주어진 자원을 경제에서 가장 효과적으로 사용하는 것을 의미합니다. 이것은 자원의 효과적 사용과 생산성을 향상시키는 것과 관련이 있으

경제기사를 읽는데 용어를 모른다고

며, 경제 성장과 생산성 향상에 중요한 역할을 합니다.

흑자국가 Surplus Nation

국제 거래에서 수출액이 수입액보다 높은 국가를 나타냅니다. 이러한
국가는 외부 세계로 순수량의 부분을 수출하며, 경제적 흑자를 기록
합니다.

희소성 Scarcity

자원, 시간 또는 다른 자산이 한정적이고 제한된 것으로 여겨질 때 발
생하는 경제학적 개념입니다. 희소성은 자원 배분 및 선택의 중요한
원리 중 하나이며, 모든 경제 활동에 영향을 미칩니다.

기타(숫자, 알파벳)

1인당 GDP GDP Per Capita

국가의 총 국내생산 (Gross Domestic Product, GDP)을 국민 수로 나눈 값입
니다. 이 지표는 한 나라의 경제적 번영과 국민 평균 소득을 평가하는
데 사용됩니다. 높은 1인당 GDP는 국가의 경제적 번영을 나타냅니다.

Beyond GDP

GDP 이외의 지표들을 고려하여 국가의 번영을 평가하고자 하는 노력
을 나타냅니다. 이러한 지표에는 환경 지표, 삶의 질, 불평등, 사회 질
서 등이 포함됩니다. Beyond GDP 접근은 전통적인 경제 측정 이외의
요인을 고려하여 정확한 번영을 측정하기 위해 사용됩니다.

BIS 자기자본비율 Bank for International Settlements

은행의 자기자본을 순위출금 및 기타 위험 요소에 대한 자본 요구액
으로 나눈 비율입니다. 이것은 은행이 재정 건강상황을 유지하기 위
한 중요한 지표 중 하나로, 금융 안정을 확보하기 위해 규제 당국이

사용합니다.

CLS은행 Continuous Linked Settlement
외환 거래에서 효과적인 결제 및 정산을 제공하는 글로벌 기관입니다. 금융기관들의 외환결제 리스크를 줄이기 위해 1999년 6월 설립된 외환결제전문 민간은행이다. CLS은행은 외환 거래의 이중성을 제거하고 거래의 안정성을 높이는 데 기여하며, 글로벌 금융 시스템에서 중요한 역할을 합니다.

CMO Collateralized Mortgage Obligation
주택담보채권을 기반으로 한 파생상품입니다. 주택담보채권을 다양한 등급과 성격의 채권으로 나누어 투자자에게 제공합니다. CMO는 주택 담보물을 바탕으로 한 다양한 리스크 및 수익률을 투자자에게 제공하는데 사용됩니다.

DebtRank
금융 시스템의 안정성을 평가하는 데 사용되는 지표입니다. 이것은 금융 기관과 기업 간의 부채와 연결성을 분석하여 금융 시스템에서 발생할 수 있는 위험을 측정하는 데 도움을 줍니다.

EC방식
중앙은행은 통화정책수단을 사용하여 금리나 통화량에 영향을 미치고 나아가 물가안정, 금융안정 등을 달성함으로써 경제가 지속 가능한 성장을 이룰 수 있도록 합니다. 1972년 EC(European Community)에서 각 회원국에 채택할 것을 권고한 적정통화공급규모 산정방식입니다.

FTSE 지수 Financial Times Stock Exchange
영국의 주요 주식시장을 나타내는 지수입니다. FTSE 100, FTSE 250와 같이 다양한 지수가 있으며, 이러한 지수는 주식 시장의 성과와 트

경제기사를 읽는데 용어를 모른다고

렌드를 추적하는 데 사용됩니다.

G2 Group of Two

미국과 중국을 가리키며, 이 두 나라가 글로벌 경제와 정치에서 중요한 역할을 하는 것을 의미합니다. G2는 두 나라 간의 중요한 협력과 경제 이슈에 대한 대화를 나타내는 용어로 사용됩니다.

G20 Group of 20

19개 국가와 유럽연합을 포함하는 국제 경제 협의체로, 세계 경제 문제와 금융 정책을 논의하고 협력하는 그룹입니다. G20는 주요 경제 국가들 간의 협력을 증진시키며 글로벌 경제 안정과 발전을 촉진합니다.

G7 Group of Seven

주요 경제 국가인 미국, 캐나다, 일본, 영국, 프랑스, 독일, 이탈리아로 구성된 그룹입니다. 이 그룹은 주로 경제 정책, 금융 시장, 환율 및 국제 금융 문제에 대해 논의하며 협력합니다.

Herstatt 리스크

외환결제과정에 내재된 리스크 중의 하나로서 외환거래 후 매도통화를 지급하였으나 거래상대방이 파산하여 매입통화를 수취하지 못하는 리스크, 즉 원금리스크를 Herstatt 리스크라고도 부릅니다. 이것은 한 통화로의 지급이 이루어진 후에 다른 통화로의 지급이 이루어지지 않을 때 발생하는 리스크를 가리킵니다.

IC카드 Integrated Circuit Card

집적회로를 사용하여 정보를 저장하고 처리하는 카드입니다. 주로 결제 카드, 신용 카드, 전자 여권 및 스마트카드와 같이 다양한 용도로 사용됩니다. IC카드는 보안성과 효율성을 개선하는 데 기여합니다.

IMF 쿼타 IMF Quota

국제통화기금(IMF) 회원국이 조달해야 하는 자금을 결정하는 기준 중하나입니다. 각 회원국은 IMF에 기금을 납입하고, 이러한 납입액은해당 국가의 경제 규모와 기타 요소에 따라 결정됩니다.

IMF 포지션 IMF Position

각 회원국이 IMF와의 금융 거래 및 의무에 관련된 정보와 지급 잔고를 나타내는 것입니다. IMF 포지션은 회원국과 IMF 간의 금융 및 경제 활동을 추적하는 데 사용됩니다.

IS-LM 모델 IS-LM Model

경제 이론에서 사용되는 모델로, 총수요와 이자율 간의 관계를 분석합니다. 'IS'는 투자와 저축을 나타내고, 'LM'은 화폐 공급과 현금 수요를 의미합니다. 이 모델은 정부 정책이 경제에 미치는 영향을 이해하는 데 사용됩니다.

J 커브 효과 J-Curve Effect

국제무역에서 환율 변동이 무역수지에 미치는 영향을 설명하는 경제학 용어입니다. 처음에는 환율 변동이 무역수지 악화를 초래하고 나중에는 개선을 가져온다는 개념을 나타냅니다. 이 효과는 시간이 지남에 따라 무역조정이 일어나는 경향을 설명합니다.

KIKO

'Knock-In Knock-Out'의 약자로, 환율 옵션 계약의 일종입니다. KIKO 옵션은 특정 환율이 상위 또는 하위 장벽을 타격할 때 옵션 계약이 발생하는 형태로 동작합니다.

LIBOR London Interbank Offered Rate

로펀트시아 시장에서 사용되는 중요한 금리 지표입니다. 이것은 다양

경제기사를 읽는데 용어를 모른다고

한 기간의 대출 금리를 나타내며, 금융 시장에서 금융 상품 및 대출의 가격 결정에 중요한 역할을 합니다.

M&A Mergers and Acquisitions
기업의 합병과 인수를 가리키는 용어로, 한 기업이 다른 기업을 인수하거나 두 기업이 합병하여 하나의 기업으로 합치는 프로세스를 의미합니다.

NI 국민소득, National Income
특정 국가에서 생성된 총 수입을 나타내는 지표입니다. 이것은 국내총생산(GDP)에서 각종 세금과 보조금을 고려한 값으로, 국가의 경제적 활동을 측정하는 데 사용됩니다.

P2P 대출 Peer-to-Peer Lending
개인 투자자와 대출자 간의 직접적인 대출 플랫폼을 통해 이루어지는 대출 형태입니다. 이 모델은 은행을 거치지 않고 대출자와 투자자 간의 직접적인 연결을 제공하며, 대출 프로세스를 간소화합니다.

VAN 사업자 Value Added Network Provider
전자데이터 교환을 지원하는 서비스 제공자로, 전자상거래 및 데이터 통신에서 중요한 역할을 합니다. VAN 사업자는 데이터의 안전한 전송과 저장을 보장하며, 다양한 기업 간의 전자 거래를 용이하게 합니다.

찾아보기

찾아보기

경제기사를 읽는데 용어를 모른다고

찾아보기

경제기사를 읽는데 용어를 모른다고

찾아보기

경제기사를 읽는데 용어를 모른다고

경제기사를 읽는데 용어를 모른다고

경제기사를 읽는데 용어를 모른다고

경알못들이 가장 궁금해하는 경제용어 500

경제기사를 읽는데 용어를 모른다고

초판 1쇄 발행 2023년 11월 30일
초판 2쇄 발행 2023년 12월 30일

지은이 백광석
펴낸이 백광석
펴낸곳 다온길

출판등록 2018년 10월 23일 제2018-000064호
전자우편 baik73@gmail.com

ISBN 979-11-6508-537-7 (13320)